# Le fou de l'île

# DU MÊME AUTEUR

*Adagio* (contes), Fides, Montréal.
    9e édition, 1961.
*Allegro* (fables), Fides, Montréal.
    9e édition, 1961.
*Andante* (poèmes), Fides, Montréal.
    7e édition, 1962.
*Le calepin d'un flâneur,* Fides, Montréal.
    3e édition, **1962.**
*Dialogues d'hommes et de bêtes,* Fides, Montréal.
    3e édition, 1960.
*Le hamac dans les voiles,* Fides, Montréal.
    2e édition, 1959.
*Pieds nus dans l'aube* (roman), Fides, Montréal.
    7e édition, 1962.
*Théâtre de village,* Fides, Montréal.
    2e édition, 1960.

*Fiche de catalogue*
FIDES    62-65

FÉLIX LECLERC

# Le fou de l'île

*Roman*

**FIDES — MONTRÉAL et PARIS**

Une île.

Une fleur dans l'eau.

Et la falaise abrupte qui porte les maisons.

Des pêcheurs, des cultivateurs, des barges, des charrues, des granges, des entrepôts à poissons.

Des chemins de terre sous des arbres. Croix et sorcières aux carrefours.

Des nuits noires comme des trous, des matins comme des portes d'or.

Des gens heureux, aveugles.

Des enfants qui vont à l'école par les talus.

Un vent éternel qui souffle dans les cavernes et les oiseaux maigres aux grandes ailes qui s'en moquent.

Le vent ! Un jour, debout comme un lion en colère, le lendemain couché.

Suivez-moi, il y a fête sur l'île.

# I

La direction du terrain de foire est indiquée par de petits drapeaux rouges et blancs au bout de piquets bordant le chemin. Le soleil coule de partout.

En plein milieu d'un champ près du quatrième village, toute la population, six paroisses, s'est donné rendez-vous. Femmes, vieillards, écoliers, cultivateurs, marchands, ceux de la briqueterie, quelques religieux, des pêcheurs, beaucoup de gens de la ville de fer, les jeunesses du pays avec leurs blondes, leur coup de whisky en poche, et leur désir de passer une journée bruyante.

Au centre, le kiosque à fanfare, les tentes à liqueur, la boîte des juges ; derrière le coin des charlatans qui vendent tubes de colle, parfums et onguents ; à gauche des gens venus de la ville avec leur comptoir portatif ; à l'entrée les photographes et les pickpockets ; à droite les propriétaires sous la tente des riches et partout des animaux, surtout les animaux. En longues files, le long des clôtures de perches, attachés aux roues des charrettes, au bout d'un pieu, veaux, vaches, chevaux, chèvres, lapins en cage, cochons à la peau d'homme gras. Et ils sont tous lavés, sabots luisants, crinières frisées, cornes étincelantes, passées à l'huile d'olive, étrillés, brossés, rebrossés, ruban dans la queue, collier neuf au cou, grelots sur la croupe. L'air est plein de beuglements, de rires, de cris de coq, de fritures, d'aboiements de chiens, de hennissements, de jurons, de gloussements, de pleurs d'enfants et de bruits de chaînes.

« Premier prix, classe de deux ans, ruban bleu, propriété Richard Arland, ferme Morency, caractéristique Arshyre. »

Le haut-parleur hurle et se tait. Depuis dix heures ce matin, c'est ainsi.

Les juges, armés d'une canne blanche, circulent autour de l'animal. Ils s'arrêtent, repartent, s'arrêtent, font courir la bête, la font marcher, la tâtent, l'inspectent, lui ouvrent gueule, poil, œil, pressent les flancs, tirent les pis, pincent la peau.

Ils se consultent du coin de la bouche, du coin de l'œil, du coin du sourcil, du coin du geste. On épingle des rubans au cou des vainqueurs, puis on annonce une autre classe.

Du haut des cabriolets et des banneaux [1] et des expresses [2] et des camions qui font cercle derrière les câbles, la population flâne, applaudit, siffle, dort ; femmes-esclaves, vieillards malins et méchants, gros engagés, bouche pleine de tabac, heureux de chômer une journée de semaine. Et cela doit finir avec le soleil couchant après le discours de monsieur le député.

Derrière cette foire, derrière toute cette odeur de chair, d'oignons frits et de cuir, il y a la forêt. Et dans la pente de la forêt près d'un cours d'eau froide, des jeunes gens de l'île font leur propre exposition, leur fête, une parodie de l'autre.

« Combien pour la vache » crie le Bouclé, dit La Terreur, en montrant sa maîtresse qui tourne sur une souche, les lèvres collées sur une bouteille de vin. « Touchez la viande, combien la vache »...

Et les fils Gavard se tordent sur la mousse.

---

1. Charrettes.
2. Voitures plates à quatre roues.

« A toi taureau »...

« Génisse, à boire »...

Et l'on boit.

Une petite musique d'accordéon joue maintenant dans le haut-parleur. Un buisson. Devant,
une paire de béquilles. Et derrière le buisson
l'infirme Halaé, du deuxième, à quatre pattes dans
l'amour. Il a fortune, cheval, beaux vêtements,
montre en or, cognac dans cruche de Hollande et
fille de seize ans dans ses bras en extase de bête.

Plus loin, il y a Henriot, l'enfant à lunettes,
Henriot fils de Barnabé l'avare qui cause avec
un oiseau bleu sous un arbre.

Derrière lui, les champs, déserts aujourd'hui ;
puis la mer, quelques barges immobiles comme
des roches au large ; en haut des goélands plus
haut que d'habitude...

« Je faisais ça pour rire »...

« Je t'en fous sur la gueule des pour rire, on
embrasse pas la Vache, face d'abruti »...

« Chien sale... »

Maintenant il y a bagarre. Les taureaux lancent
du sable et les hommes des injures. On voit des
pièces de monnaie qui sautent en l'air. Henriot
s'éloigne de son arbre, plus amont l'île pour ne

pas entendre. Les goélands piquent plus haut pour ne pas voir. On vient d'annoncer dans le haut-parleur que ce soir il y aura concours d'amateurs, feux d'artifice, fanfare et bal. Tout le monde sait que la lune sera blanche. La terre sort déjà ses parfums, celui de luzerne qui étourdit. Il y aura des pleurs, des bravos, des coups de poing.

Au nord de l'île sont les escaliers qui mènent vers les fonds, pleins de silence. Là, les matins d'épaisse brume, on sent l'iode. Cavernes en ruine, pics crevassés, falaise à devant de cathédrale face à la mer. Et l'eau verte qui tape en bas. C'est là que le fou de l'île, venu d'un long voyage, a été vomi par la marée de neuf heures, une nuit de ce temps-là, pendant que personne ne s'en doutait, une nuit d'été, une nuit d'orgie d'un bout à l'autre de l'île.

## II

Il vient sur la route, l'homme aux yeux verts, en frappant du talon avec ses lourdes bottes. Le chemin est dur. Il fait grande chaleur. Pour se donner de l'allant, il joue du tambour avec ses lèvres. Personne en vue. L'asphalte est vide. De loin en loin, les boîtes aux lettres font des taches de soleil. Dans l'une d'elles, il y a un nid avec du foin qui pend par la petite porte. Le gros homme va, ses bottes pliées sous le genou. C'est Salisse, le pêcheur d'anguilles, peu connu dans les hauts, qui habite les fonds, avec la mer, où le sol est mou et ne blesse pas les pieds. Salisse, le pêcheur qui ne sait pas beaucoup de mots, qui ne connaît que son métier. Un métier d'homme. D'homme de semaine à forte santé qui ne pose jamais de questions. Flexible comme un roseau devant les événements, un homme qui se courbe sous l'orage et se redresse quand revient le soleil. Un homme comme des milliers d'autres, héritier de la mer, d'une vie dure où entre une grande part de résignation. Il va. Mais ce matin, inquiet.

Debout sur un sillon derrière son cheval, le fermier Barnabé le regarde s'éloigner. Quelques femmes aux fenêtres se disent derrière les rideaux : « Tiens, de la maladie dans les battures. » Salisse a dépassé l'école qui est dans les champs, en vacances, avec les oiseaux.

« A qui le dire, sinon à lui ? Il faut que j'aille, j'en aurai le cœur net. »

Il a franchi l'église qu'il salue et pénètre dans la forge à Bérêt dont les portes battantes sont ouvertes au matin. Il vise un baril de clous, s'assoit et s'éponge longtemps.

Bérêt est un petit forgeron tout maigre, moustachu et maladif qui se venge de sa petite taille en jouant le sec, le brutal. Un forgeron doit être imposant. Il crache de côté, chique. Sa forge est malpropre comme lui. Il fait son métier en maugréant. Aucune tendresse apparente. Beaucoup de bruit, jamais de dégâts. Une gueule terrible, un cœur de femme. Il a six enfants à lui et un septième adopté. Il dit qu'il ne les aime pas. Allez donc voir... ses yeux se mouillent quand il y en a un qui descend l'escalier de la forge.

Donc Salisse entre dans la forge, Bérêt est penché sur une roue de charrette dans les copeaux jusqu'aux essieux. Et Henriot l'enfant à lunettes qui l'observe.

— Toi Salisse, fainéant, mais salut.

Salisse répond par un signe de tête, un signe d'amitié. Henriot en chapeau de paille se tourne vers le pêcheur, le regarde et se replace en contemplation devant le travail du forgeron.

— Ça va être long ?

— Pas trop, Salisse, pêcheur d'anguilles. Quoi de neuf dans tes rets à part les poissons ?

— Quelque chose.

Cela est dit sérieusement.

— Tiens, tiens.

Henriot l'enfant à lunettes regarde le pêcheur une deuxième fois et pense à la mer qui passe derrière chez lui, aux choses qu'elle apporte, à l'homme qui la navigue. La roue est debout, achevée. Bérêt la pousse dehors et dit au garçon :

— Débarrasse, c'est fini.

Il a hâte d'être seul avec son ami.

— Et puis, toi, mystère ?

—C'est grave. Reculons-nous un peu.

— Pourquoi reculer ? Il n'y a personne.

Henriot fait semblant de ne pas avoir compris. Il replace la plume blanche qui est sur son chapeau.

— De la visite chez nous, dit Salisse presque tout bas. Un homme que la mer m'a apporté dans sa dernière marée.

Ces mots font que Bérêt marche sur le bout des pieds et s'approche.

—Un mort ?

—Non.

Bérêt cesse de déplacer ses outils. Il se tient près de Salisse qui vraiment est grave et veut être entendu.

— Donc hier, au baissant, en touchant le plein, je vois un homme parmi les cailloux. Immobile comme un caillou. A portée de voix, je crie : « Hé, qui c'est ? » Pas de réponse.

Le forgeron s'appuie les reins quelque part et lance des bouffées.

—Donc, pas de réponse. Je m'assure qu'il n'est pas armé, moi je ne l'étais pas et je m'approche. Un homme long, joues creuses, de la glaise sur le front, mains qui tremblent, ses yeux regardent l'eau. Je crie : « Si c'est pour te noyer, va faire ça plus loin. J'ai des lignes de tendues. »

— Oh !

— Oui.

Salisse laisse sa phrase se promener dans la forge. Bérêt la suit des yeux. Le pêcheur continue :

— J'ancre la barge. Et ma rame sur l'épaule par mesure de précaution, j'arrive à l'homme. Il me dit, en se montrant avec ses longues mains : « Frappez tout ça, écrasez tout ça, Monsieur, et qu'on n'en parle plus. » Ces paroles font que la rame tombe à bas. « Qui es-tu ? Que veux-tu ? » Rien. Alors je lui explique que je suis pêcheur, que ce lieu est le mien, je lui montre ma maison sur la butte.

— Puis ?

— Puis nous restons gênés l'un en face de l'autre. Il dit en désignant ma cabane à pêche dans les roseaux : « Et ça ? » Il la regarde et je vois bien qu'il la convoite, mais va donc passer ta cabane remplie de gréements et de rets et d'outils et de filets à un inconnu, va donc ! Alors, il me fait grande pitié. Je dis : « Viens manger. » Il ne veut pas. Je dis : « Viens chez nous rencontrer ma vieille, viens qu'on te connaisse... » Ses yeux sont collés sur la cabane. Il dit : « Je voudrais aller là, seul, me reposer un peu, j'ai des choses à écrire. » J'hésite, que veux-tu que je réponde ? Je lui prête ma cabane parce qu'il ne veut pas venir chez moi, qu'il est épuisé. Voilà. Et il a couché dedans.

Bérêt qui était en boule pour retenir son souffle, marche maintenant dans la forge. L'histoire est finie.

— Et ce matin ?

— Il dort.

— Tu ne sais pas son nom ?

— Rien.

— Mauvais ! Un homme qui demande à coucher, ça se voit, mais un homme qui ne sait pas où il va et qui refuse à manger et à causer...

— En le laissant hier soir sur le grabat qui est dans la cabane, il tenait son front. Il a dit : « Moi, Monsieur, j'ai perdu quelque chose. » Et on aurait dit que cette chose perdue habitait autrefois derrière son front et que maintenant elle n'y était plus. Puis il s'est jeté de son long face au mur et n'a pas continué. Je l'ai laissé. Avec le fanal, dans la nuit, je suis retourné deux fois pour glisser mon œil par le carreau. Il dormait, gueule ouverte. Ce matin aussi. Alors, je suis venu te raconter cela.

Bérêt écrase son mégot de la semelle et tourne son bérêt. Un ami doit dire son idée. Il croise et décroise ses bras. Puis catégoriquement, il dit :

— Mauvais en masse ! C'est un voyou et un dangereux. Ce soir, il faut qu'il soit parti.

Salisse semble déçu. Il attendait une autre réponse.

— Que dois-je faire s'il n'est pas parti ce soir ?

— Chasse-le, sans lui tirer dessus, bien entendu, mais chasse-le en l'effrayant, parce que les inquiétudes vont commencer pour toi, Salisse. Un vagabond de battures, ça met le feu aux pêches, ça vole, ça se tient au large et ça rit des dégâts : ça fait du mal, et quand il a des idées, il torture...

Pour confirmer son dire, Bérêt sort des faits, des histoires fantastiques d'étrangers qui, dans son enfance, étaient venus rôder, qui déplaçaient les maisons en jouant de l'harmonica et attiraient les filles dans les bois.

Salisse reste mal convaincu. Il met sa casquette et se lève.

— C'est entendu, je le chasse. Tu m'as dit ce qu'il fallait. Salut.

Puis il recule et une main dans la barbe :

— N'importe, j'aurais bien aimé savoir d'où il vient et ce qu'il a perdu.

— Une femme, conclut le forgeron entre ses dents, je te le dis, moi, c'est toujours une femme qui pousse les hommes sur les routes et en fait des possédés. Une femme qui a dit : « Va-t'en », parce qu'un autre a pris la place. L'idiot, sans rien emporter, prend le chemin et s'en va avec l'image de la femme plein la peau. Aux nigauds qu'il rencontre, il dit : « Moi, j'ai perdu quelque chose » et les nigauds comme toi l'écoutent et se laissent crever le sentiment comme une outre et lui s'abreuve pendant ce temps et tire des plans et étudie les lieux. Voilà. Il a perdu une femme. Que peux-tu y faire ? Rien.

— Et si ce n'était pas une femme ?

Les deux hommes se regardent.

— Alors, je ne sais pas ce que c'est.

— Mérite-t-il que je l'écoute ?

— C'est à voir.

Puis soudain, Bérêt éclate en colère :

— Tu écorniflais toi ?

Dans la porte de la forge vient de bondir une roue de charrette. Henriot derrière qui pousse dessus. La roue lance du soleil et c'est disparu.

— C'est Henriot. C'est personne, dit Bérêt au pêcheur.

Salisse a repris le chemin. Il est déçu. Maintenant il craint que son visiteur soit échoué chez lui à cause d'une femme qui n'en valait pas la peine.

Dans la forêt, il tourne à gauche et pique vers les fonds.

# III

Il est quatre heures de l'après-midi quand Salisse atteint sa maison. Sa maison couchée dans le foin de mer jusqu'aux épaules, avec ses trois bouleaux qui montent et se penchent au-dessus. Avant d'entrer chez lui, il se retourne vers la cabane qui est au bas dans le doux. L'air est calme.

— Tu vas me chasser cet homme, sinon je prends le fusil et je m'en charge.

La femme de Salisse est en colère. Elle souffle fort.

— Il est venu te faire des grossièretés ?

— Non, je l'ai vu se rouler dans les roseaux, reprend la femme, il m'effraie, c'est un fou, il doit partir, tu m'entends ?

— Bon, bon.

Salisse pense que sa femme est du même avis que Bérêt et voilà ce qui l'attriste.

— Va lui dire que demain il doit déguerpir.

Elle déchire un quignon de pain.

— Va.

Salisse sort avec le pain. Le voilà dans les parfums. Il est content d'avoir une raison d'aller chez l'homme. Habilement il lui parlera et lui fera dire ce qu'il veut savoir en le précédant de questions discrètes, comme quand on veut amener un ruisselet dans le sable, on le précède d'une baguette. Les visites sont rares dans les battures, à part un chasseur des villes parfois l'automne dans le temps de la bécassine, et lui, ce n'est pas la marée qui l'apporte. Il contourne ses coffres d'anguilles, prend un poisson et frappe à la cabane. L'homme est debout, mains aux poches, qui regarde par le carreau les crevasses de nuages roses au couchant. Salisse dépose la nourriture et voilà qu'il n'ose pas le déranger. L'homme, immobile, d'une voix qui est belle dit :

— Encore quelques jours et je serai guéri, pêcheur.

Salisse hésite :

— Vous êtes malade ?

L'autre ne répond pas. Salisse part. Il croyait que ce serait facile et ce ne l'est pas. Lui, Salisse, ancien chef de groupe sur un soixante-dix pieds, qui engageait et remerciait les hommes à sa fantaisie, que jamais une situation, une parole, un argument n'a attendri, comprend mal son hésitation devant celui-là, le plus faible, le plus pauvre, le plus dépouillé de tous les inconnus, un causeur d'inquiétudes. Voyons. Il sent le besoin de réfléchir. Il réfléchira. Hop, la barge...

Debout dans sa chaloupe, Salisse godille et la barge s'éloigne avec le courant, comme un poisson.

Salisse a deux pêches. Une de ce côté, une deuxième de l'autre côté à l'endroit où finit le pont de glace. Cette deuxième lui rapporte le plus. Il la préfère parce qu'elle est éloignée. Et le temps qu'il met à s'y rendre, il n'est pas avec sa coléreuse de femme qui a toujours la grimace et le reproche à lui jeter dans le nez. Pour atteindre cette dite pêche, il profite du montant, et sept heures plus tard, il revient sur le dos du baissant. N'ayant pas de moteur, il compose avec les glissades de la mer. C'est le moment où parfois l'envie de chanter le prend. Mais aujourd'hui, en ramant, il pense à la décision qu'il prendra. Et l'autre obéira. Voilà. Et si l'homme lui tenait tête ! Car des idées... Salisse n'en a pas beaucoup, si l'homme lui tenait tête avec des idées justes, neuves et fortes... Salisse goûterait, pour faire changement sous le palais et sous le crâne.

Salisse rame. La proue respire comme une poitrine. Il y a de la sardine dans la pêche depuis deux jours. Dans le couchant, très loin, c'est la ville de fer, avec le pont très haut dans le brouillard. C'est là que regardait l'homme. Deux pigeons de mer l'escortent. Il a dépassé le chenal et connaît la route comme le fond de son chapeau. L'eau lèche les flancs de sa barque et s'en va en tournant d'ivresse.

Dans sa pêche il y a du bar. Il le voit à travers les rets. Il amarre l'embarcation à l'un des pieux qui tient le coffre. Une forte odeur de poisson sort de là. La marée est fine haute. Il a cinq heures devant lui. Sa femme lui a donné des commissions à faire au magasin qui est tout près sur la butte. Il y va pour tuer le temps. Il pense toujours à l'homme qui est dans les battures. Par-dessus son épaule, il regarde la mer, sa maîtresse, aux plis comme ceux d'une robe, qui lui cache des choses, qui ne lui a pas tout dit et qui vient de lui faire cadeau. Il persiste à croire que cet homme lui apportera quelque chose qui vaille la peine, quelque chose de nouveau dans sa vie tranquille, quelque chose de très vieux et de très neuf, de très laid et de très beau, même de révolte, peut-être un peu de sang... Et Salisse se frappe le cœur, un gros cœur tout plat et tout paisible qu'il a.

Le soir est descendu. Salisse a fait ses commissions d'épicerie et de tabac. Il a chargé son poisson. Le baissant commence. La mer revient sur ses pas. Fanal allumé sur le devant du bateau, Salisse rame et aligne le phare qui est sur l'île de biais avec chez lui. Beaucoup d'étoiles ce soir, des vertes, des bleu pâle, une rouge là-bas. La lune dans son dernier quartier. Les grandes mers dans quelques jours.

« Et chez nous ? » pense Salisse. Le voilà anxieux. Il n'aurait pas dû s'absenter et laisser les fonds avec un fou dans sa cabane. Plus vite il rame. Et voilà que dans un éclair d'imagination, il voit sa femme mettre en joue et tirer... C'est qu'en cet endroit, les vagues sont nom-

breuses et entretiennent souvent des propos de
cauchemar qu'il ne faut pas entendre. Comme
un essaim de méchantes petites filles, elles tirent
la langue à Salisse, et ce soir plus que d'habitude
elles empêchent sa barque d'avancer. Soudain un
coup de feu. Salisse croit avoir vu la lueur d'un
coup de feu. Il se hausse, mais immédiatement
les vagues se haussent aussi et font un rideau qui
lui empêche de voir, un rideau qui se brise dans
un cruel éclat de rire. Rame Salisse et quand il
rame les vagues se font hacher et ne rient plus.
Voilà que tout tourne. Il raidit les jambes. Le
poignet de cuir à son poignet gauche va éclater.
Il sort du chenal et laisse derrière les méchantes
filles de vagues aux manches mouvantes. Il plie
les jambes et s'éponge et sourit. L'eau est lisse.
Tout est d'une grande sérénité. Le phare luit.
Il a été nerveux mais ça ne lui arrive jamais.
La lune, sa maison, les trois bouleaux comme
trois fusées dans le soir mauve, sa cabane, tout
le décor est là. La barge touche les roseaux qui
s'écrasent et se relèvent après qu'elle est passée.
L'ancre est jetée. Bottes ruisselantes d'eau, Salisse
marche entre les cailloux. Le souper fume chez
lui. La porte est ouverte. Il entre.

— Catherine ?

Catherine, hébétée, est assise près du poêle, le fusil sur le genou. Elle est blême. D'une voix que Salisse n'a jamais entendue, elle dit :

— C'est fait.

— Quoi ? Qu'est-ce qui est fait ? interroge Salisse.

Du menton elle désigne la batture. Le fusil bascule par terre, la femme bondit dans sa chambre comme une folle et geint en longs cris. Salisse chancelle, prend le fanal et se précipite dehors vers la cabane et que voit-il ? Ses câbles et ses chaînes à pêche et ses rets de réserve, sont sortis, déroulés, étendus dans la direction de la mer.

— Ah, voilà. J'ai ce qu'il me faut, voleur, méchant, il voulait me voler, voyou. Si elle l'a manqué, moi je ne le manquerai pas !

Salisse serre les poings et crache comme un chien qui a grande envie de se battre. Il prend une chaîne dans sa main, la plus grosse, la plus longue et la suit. Il la suit le long de la berge où les roseaux sont couleur de rouille, il la suit derrière les gros cailloux, il la suit dans le limon où sont les écailles d'huîtres et les pierres blanches que l'on voit à marée basse et au bout de la chaîne il aperçoit une forme par terre. C'est l'homme. Comme une loque, comme un déchet, comme une guenille, câbles et filets roulés autour des reins et des poignets. Salisse se penche, fanal en avant. Deux grands trous sont sous les talons de l'homme. Il ne comprend pas. L'homme souffre. Il le débarrasse de ses liens, l'enlève et l'emporte. Il le trouve léger et maigre et se rend compte qu'il n'est pas blessé. Sur le grabat de la cabane, il le dépose et le ranime et lui met la main sur la gorge pour l'étouffer et lui faire de la chaleur.

— Je te prête ma cabane, aussitôt que j'ai le dos tourné, tu me voles, tu jettes mon gagne-pain à la mer, tu es pourri, je te chasse, demain tu t'en iras.

Il dit ces mots en le tenant par le cou et en lui collant une bouteille d'alcool sur les lèvres. L'errant ouvre les yeux et voit d'un coup d'œil la situation. Il sourit et demande :

— Alors elle n'est pas partie ?

— Qui ?

— L'île.

— L'île ?

Salisse ne comprend rien. Le fou, content, pousse un long soupir et dit :

— C'est moi. J'étais seul, j'étais seul et tenez, je suis faible, j'ai des petits bras, mais du courage, j'en ai.

— Qu'as-tu fait ?

— Vous ne savez pas ? reprend le fou tout en peine. Vous n'avez pas vu l'eau envahir les battures ? L'île partait à la dérive et avec les câbles et les chaînes, je l'ai retenue... on m'a tiré dessus, mais hein... je l'ai retenue quand même...

Salisse a le cœur qui lui fait un bond dans la poitrine. Il veut rire comme Satan et battre cet homme qui est fou, qui n'a jamais vu une marée, qui est là tout maigre et tout gelé avec des yeux d'enfant et des mots imbéciles. Mais parce que c'est la nuit, et qu'il n'y a pas eu de mort et que sa femme sera heureuse de ne pas avoir fait le malheur, et parce que Salisse s'ennuie parfois de toujours faire la même ingrate besogne, il dit à cet homme qui lui apporte le nouveau tant attendu dans sa vie :

— Justement, j'étais venu te remercier au nom des gens de l'île. Dors et demain je t'expliquerai la marée...

Salisse ramène sur lui une couverture. Sur la pointe des pieds il ferme la porte et sort. Il a baissé la flamme du fanal. L'autre dort, écrasé par la lutte qui a duré sept heures. Une chanson très douce monte dans le feuillage des bouleaux, une chanson qui s'invente toute seule, c'est Salisse qui la chante, en l'honneur de la vieille île qui s'en allait à la dérive, voir ailleurs, fatiguée d'être heureuse elle aussi. La femme Catherine entend chanter dehors son sot de mari. Elle se renverse sur une chaise, s'agite en rires, sa face dans la face de la lune.

C'est le soleil qui a réveillé l'homme en vidant sa lumière sur lui à pleins flots. Le soleil et le vent. Un vent froid mais pas en colère qui furetait à la porte de la cabane et la faisait grincer. L'homme s'est réveillé tout d'un coup en criant, en poussant la couverture en l'air avec ses pieds et en mettant ses mains devant lui comme devant des voleurs. Puis le silence. Un silence que l'homme n'a jamais connu de sa vie errante. Sans lourdeur, ni poudre, ni hypocrisie dedans. Un silence d'autre monde. Un silence comme celui qui est entre deux pages de musique. L'homme s'est approché du carreau et à travers ses doigts à cause des rayons éblouissants, il a habitué ses yeux au silence, à la mer qu'il ne connaît pas, aux roseaux de rouille, au ciel sans rien dedans que des nuages et de rares oiseaux en voyage.

Puis, il a touché les murs de sa cabane avec sa main. Le plat de sa main. Il a mis son nez sur le bois gris de la cabane et cela sentait le bois et non la tapisserie et la colle. Sur une vieille chaise à fond de paille il s'est assis et la chaise a craqué doucement.

Dans un coin, il y avait des chaînes, des rets, des bouchons, des filets, des puises [1] trouées, des paquets d'hameçons et des rames blanches, debout. Il a touché les chaînes avec ses doigts. Il les a soupesées. Elles faisaient du bruit en retombant, un bruit pesant, un bruit qui vaut la peine parce que c'est d'une chaîne et une chaîne c'est lourd. Il a pris les filets, à pleines mains, à pleins bras, les a collés sur ses habits pour que ses habits sentent le poisson. Il a piqué ses doigts dans les hameçons, un petit peu pour les faire saigner et il a goûté son sang et il était heureux de voir qu'il en avait encore et que son sang goûtait le sang.

Puis est revenu au carreau et devant ce silence qu'il n'avait jamais vu, devant cette batture aérée des vents de sel, il a laissé s'échapper la tristesse qu'il portait dans son crâne. Cela lui fit énormément de bien. Ses tempes cognent. Il vit, c'est

_____
1. Epuisettes.

merveilleux. Il se fera petit et ne dira rien. Et si le pêcheur ne voulait pas le garder, il s'enterrera là, sous la glaise, avec ses mains, il se couchera tranquillement avec sa sœur la glaise et tout sera dit.

Voici son sac à terre sur le plancher. Un sac de militaire dont il dénoue les cordons pour sortir ce qu'il y a dedans : un pantalon, des livres, un couteau de marin, une chemise, deux cordes de violon, un paquet de lettres d'amour, un chandail, des ustensiles d'argent, une photo de femme, de la dernière femme. Il prend le couteau et sans haine poignarde la femme qui est sur la photo, puis la jette. Il poignarde et tord les lettres d'amour, donne des coups de pied aux livres et lance par la porte sa dernière poignée d'argent. Plus d'amour, plus de science, plus d'argent.

Il sort. Le soleil l'inonde. Il chancelle. Il enlève ses souliers et marche pieds nus. Le limon est doux et chaud sous ses pieds. Pourquoi ne lui a-t-on jamais dit que le limon est bon sous le pied ? Il se lave les mains et les pieds dans la vase. Il regarde alentour si on l'entendrait car il a goût de crier. Personne. Des cailloux et des villages dans le fin haut des côtes de tuf. Face à la mer, il crie : Ah, ah, ah, et la mer vient avec ses milliers de lèvres qui rient. Il se roule dans les roseaux. Il se lave en se souillant. Mort le vieil homme, l'homme pourri qui en savait trop. Après épuisement, quand il est bien lavé, une obsession reste comme une flamme : la chose qu'il a perdue et qu'il va retrouver ici sur cette île.

# IV

Henriot, fils de l'avare, est chez lui dans un coin de la grande maison et ne parle pas. Il n'a pas dîné. Il n'a pas faim. Dehors c'est le soleil de midi. Henriot pense à l'histoire que Salisse a racontée à Bérêt ce matin à la forge. Son père, le maître de l'île est à l'autre bout de la table, près du coffre-fort ouvert. Il prend une liasse d'argent qu'il dépose sur la table.

— Henriot, viens compter.

— ...

— Henriot, viens compter.

Henriot laisse son coin et vient compter l'argent.

— De l'argent, Henriot, ne le méprise pas, c'est la puissance et le respect. Ce sera à toi un jour.

Henriot n'ose pas grimacer, parce qu'une fois il a grimacé et a reçu une tape au visage. Il écrit le total sur un papier et s'en retourne dans son coin. Il est derrière la chaise. Il regarde par la fenêtre, où on voit la mer dans le bas, dans le fin-bas... Il pense à l'été qui est revenu où il est plus libre d'aller dans les battures avec les oiseaux. Mais encore il pense à l'inconnu que la marée de nuit a jeté chez Salisse. Comme il aurait aimé être là... voir un homme sortir de la vague, un homme autre que ceux de l'île. Il l'imagine fort et nu, sans argent ni possession, sachant des histoires où il est question de rois sur coursiers blancs, il l'imagine prenant sa défense devant son brutal de père, il l'imagine parlant et lui avalant mot après mot...

— Moi, j'ai vu des hommes qui après la perte d'une chose se sont fait une raison et se sont dit : « Au diable, je n'y penserai plus. » Mais lui, ça ne se passe pas ainsi.

Bérêt, le forgeron, est sceptique, prudent et ne s'emballe pas facilement. Il écoute parler Salisse le pêcheur d'anguilles, mais le pêcheur ne parle plus. Il a dit ce qu'il savait. A travers la pluie qui tombe sous la lumière électrique devant la forge, passent en riant deux amoureux, tassés sous un grand parapluie.

— Qu'est-ce que ça peut être que cette chose qui vole ? demande le forgeron en faisant la grimace. Ecoute, pêcheur, moi, je laisserais cet homme dans sa folie parce que c'est un fou. Il ne quitte pas la cabane, il voit des abîmes partout, ses péchés le travaillent, tout ce que tu viens me raconter à son sujet porte la marque de l'innocent. Un conseil : si tu n'as pas le courage de le renvoyer, fais venir Thomas le gendarme.

— Je le sais bien, reprend Salisse, mais moi dans les fonds avec les jours devant moi à la queue leu leu, je n'ai besoin de rien, j'ai le temps... si je pouvais lui enlever l'obsession qui est collée sous ses cheveux, je serais bien content.

— Alors tu es venu ici, dans ma forge, pourquoi, pêcheur, et la nuit par-dessus le marché.

— **Pour** te demander, forgeron, ton avis sur une idée qui m'est venue en ramant à la Chaîne de Roches. Si on lui fabriquait une chose qui vole à ce fou, une chose en papier ou en linge qui se touche et qui se voit, et si la lançant en l'air cette chose, on coupait soudain la ficelle qui la retient, alors... peut-être...

— Quoi ?

— Il sortirait des roseaux et irait à sa recherche. Et en la cherchant par routes et villages, par les escaliers de tuf et les têtes de phares, il trouverait la vraie chose qu'il a perdue. Tu as vu le visage d'un homme qui a soif ? Tu as vu ce même visage devant le bol d'eau fraîche ? Lui, quand il parle de la chose, on dirait que ses lèvres touchent l'eau fraîche.

Et déjà, Bérêt, le maigre, lampe à la main, est rendu dans le coin en désordre de sa forge, prend deux lattes, deux clous, un grand papier, de la colle, de la ficelle... il pleut devant la forge, la gargouille trouée rit tout le long de la toiture.

Salisse et Bérêt fabriquent, d'abord sans conviction, bientôt fiévreusement, la chose qui peut-être aidera le fou de l'île à retracer l'autre chose qui vole et qui est perdue.

A la fenêtre de la forge, il y a un visage d'enfant collé sur la vitre qui a vu du dehors le travail des deux hommes. Il porte chapeau sur lequel

tombe la pluie et fait pencher la plume blanche
piquée dedans.

— Le nom ? Ton nom ?

— Ce que j'ai perdu est seul important.

— Tu reviens toujours à ça.

— Il n'y a que ça.

— Ton pays, toi ?

— Vois la ville de fer. Une semblable.

— Tu as de l'argent ?

— Non.

— De la famille ?

— Non.

— Un métier ?

— Non.

— Tu étais riche ?

— Oui. Comme un ballot qu'on laisse tomber,
tout foutu là, parce que...

— Parce que...

— Parce qu'il n'y avait pas ce que je cherchais.

— C'est quoi que tu cherchais ?

— Peux pas dire. Sais pas.

Il tourne la main alentour de son cœur, alentour de son front, alentour de lui, comme pour saisir une autre main qui n'est plus là.

— Une femme ?

— Non.

— Plus ?

— Oui.

— Quoi ?

— Ça viendra. Ecoute, je réponds par signes à toi qui es gentil et qui me donnes ta cabane, mais écoute, depuis trois ans que je ne parle pas, alors j'ai désappris, mais ça viendra. J'arrive de très loin et ton île c'est ma dernière chance. Passe chaque soir comme tu fais, arrête-toi. Ça m'apprend. Ça m'apprivoise.

— Tu ne sors pas assez. Les hommes...

Le fou plisse le nez comme une bête.

— Plus tard. Aide-moi seulement à trouver ce que j'ai perdu.

Salisse s'en va. Il rame vers la Chaîne de Roches. Son ombre bouge sur l'eau. Il pense à l'hypocrisie, à la pourriture de l'île sous les rires, à la chose qui vole, qui doit être bien belle puisqu'elle a brisé un homme à ce point, à sa vie qui va changer. Il y a des pierreries sur les vagues.

Chaque jonc a son petit soleil à fleur d'eau. Les montagnes sont presque noires. Le ciel très foncé, très bleu, très propre, sans un pli. Et cet or dans l'air. Etre mangé par une chose belle! Laboure Salisse sur cette vieille eau, comme un explorateur qui passe là pour la première fois et trouve le lieu d'une étrange beauté.

— Attends ici et ne bouge pas.

Salisse le pêcheur d'anguilles entre dans sa cabane et revient avec une corde à pêche enroulée autour d'une planchette.

— En voilà un autre mille pieds. Ça te fera deux mille pieds.

Le fou prend la planchette et fait signe de merci.

— Dis voir si tu as bien compris.

— D'abord, j'attends le vent, commence le fou, puis quand il vient, je décampe et tout en courant je déroule, déroule, déroule la ficelle et...

— Et tu cesses de courir, enchaîne Salisse pour aider le fou qui est gêné, tu cesses de courir quand la chose volera, mais tu continues à dérouler en tenant bien la ficelle... et quand elle sera bien haute, fine haute, haute comme les nuages, vis-à-vis de la ville qui est dans le couchant, tu couperas la corde. Tu couperas la corde, répète Salisse brutalement.

— Je couperai la corde.

— Et alors, reprend le pêcheur, tu verras ton cerf-volant partir pour le troisième, ou le quatrième village, peut-être pour la ville qui est dans le couchant... et là commence ton travail. Tu iras demander l'objet de ferme en ferme, de hameau en hameau, de village en village tant que tu ne l'auras pas trouvé...

Ici, Salisse se penche, ramasse ses rames.

— ...et lorsque tu reviendras, tu seras guéri.

Le fou serre la planchette de corde cirée et disparaît dans les roseaux. Salisse charge ses rames et descend vers la mer, poussant de grands coups de pied aux cailloux et aux sanglots.


Les pieds de vent se brisent et plongent, les arbres de la Côte de Beaupré s'agitent, la mer se ride, la chemise du fou frissonne, le vent commence. Le fou attend le grand vent, celui qui hurle et soulève tout. Sa chevelure se mêle, ses pantalons collent aux jambes, les roseaux ondulent, une bécasse s'écrase, c'est l'heure.

Il bondit sur la batture et court en échappant le cerf-volant. Il court et déroule la ficelle, sans se tromper, sans regarder derrière... par delà les cailloux, toujours en déroulant, puis il s'arrête et déroule, déroule, déroule la corde. C'est bien. L'objet monte, l'objet danse, l'objet vit. Cinq cents pieds, mille pieds, le voilà au-dessus du premier hameau, un coup sec pour replacer l'objet qui pique, il se replace, mille cent pieds, le voilà maintenant approchant le deuxième village, mille cinq cents, on doit le voir d'en haut. C'est dur à tenir comme si un brochet tirait à l'autre bout.

Le vent est bon. Déroule, déroule... mille six cents pieds, le fou rit et crie, mille huit cents, encore, encore, l'objet est haut, loin, frôlant les nuages, sûrement vis-à-vis la ville qui est dans le couchant. La ficelle siffle de longs sifflets comme quelqu'un qui sifflerait en mettant ses doigts dans la bouche, le fou colle son oreille et écoute. L'objet là-haut tire toujours et se débat. Deux mille pieds, il est au bout de sa ligne chez les goélands. Le fou mord la ficelle et la coupe. La planchette retombe à ses pieds et l'objet part. Il croit le voir filer en direction du deuxième village. Henriot, caché dans le talus, voit aussi l'objet et lui souhaite bon voyage.

Le fou s'éponge. Le voilà dans la cabane, regardant par le carreau. Rien que du bleu dans le ciel bien tiré. Il s'assied et commence les préparatifs du départ.

Salisse a vu de sa barge le cerf-volant qui se démenait dans l'air. Et il s'est réjoui quand le fou a coupé la corde avec ses dents.

Il se réjouit parce que le fou sera bien obligé de quitter les fonds, c'est-à-dire sa folie, puisque le cerf-volant est parti et que le fou a promis de le retrouver. Salisse est content. Il sait bien que le fou ne retrouvera jamais l'objet, mais ce qui importe c'est de chercher, ce n'est pas de trouver. Le fou rencontrera des gens et des villages et des enfants et des routes et des animaux. Dans tout cela, il va trouver l'autre objet qui vole...

Salisse rame. Après avoir contourné son coffre à anguilles, il se place dos à une vague et glisse dans la batture. Le voilà sur le plein. Il ancre. Il marche dans l'eau, une barre de fer à la main. Le voilà sur le sec dans les roseaux. Il baisse ses bottes à mi-jambes et se dit : «Vaut aussi bien que j'aille tout de suite et la barre de fer sera le prétexte. » Dans la première montée, il s'engage, corps incliné, car il pousse le vent. Ce côté de l'île est fait en escalier. Sur chaque marche il y a un village.

— Bonjour, Bérêt.

Salisse a atteint le premier village. Il s'assied dehors à l'entrée de la forge et Bérêt le petit forgeron lui envoie un salut tout en restant plié sous le cheval qu'il chausse.

C'est l'avant-midi. Un maigre et long nuage à tête de poisson se dirige vers la mer. Des enfants blonds, sales, aux joues roses, regardent ferrer le cheval. Salisse a hâte de communiquer la bonne nouvelle, mais il y a trop de gens dans la boutique. D'ailleurs le forgeron lui fait un signe de se retenir. De commun, ils ont un secret bien à eux que personne ne sait et auquel Bérêt s'habitue. Pour tromper son impatience, Salisse regarde les enfants et engage une conversation que chacun peut entendre.

— Combien tu en as donc des enfants ?

De dessous le cheval, Bérêt qui a compris le manège répond :

— Six, toutes des filles, alors je suis pauvre pour longtemps.

Il paraît, enlève le béret et s'éponge.

— Six, celle-là c'est l'adoptée. Une idée de ma femme parce que moi, les enfants...

Le forgeron s'empare de la barre de fer qui est dans les mains du pêcheur.

— Qu'est-ce que c'est ?

Salisse montre des marques et explique comme un client :

— Ici, courbe-moi ça en équerre. Au bout, fais une fourche comme ça.

— Bon.

Bérêt pique la barre de fer dans le foyer et souffle la forge.

— Allez jouer dehors, les marmots.

Tous ils sont envolés.

— Et puis ?

— Et puis... rien, dit Salisse.

Parce que l'homme du cheval vient d'entrer, un cultivateur long et courbé, bourru et laid. Il prend la bride de son cheval et d'une voix à faire trembler les marteaux :

— Marche donc, maudit sans-cœur.

Le cheval hausse les épaules. Sans saluer, ni remercier, le cultivateur est parti.

— Et puis ?

Salisse s'avance.

— Il y a que c'est fait, commence-t-il.

— Ah ?

— Oui. De ce matin.

— **Ah ?**

— Oui, Et la corde et tout, il s'est décidé, l'objet est parti, deux mille pieds avec le vent qu'il faisait, tout a marché.

— **Ah ?**

— Et seul, il était seul. Je l'avais laissé pour éviter la gêne.

— Naturellement.

— Oui. Ce sera peut-être aujourd'hui, peut-être demain qu'il va passer.

— Bon.

Et Bérêt plie la barre à l'endroit où c'est rouge et fait chauffer l'autre bout.

— Ah ?

— Oui. Ça fait trois ans, tu le sais, Bérêt.

— Je sais bien. Tu me l'as déjà dit.

— J'espère que ça va marcher.

Voilà Bérêt qui dit :

— Pourquoi pas ? L'important était de le décider à lâcher l'objet.

— Justement, ajoute Salisse, parce qu'il ne cherchait rien. Un homme qui ne cherche rien c'est pas bon. Pour vivre, il faut chercher. Quand on cesse, on meurt, hein ?

Il attend. Le forgeron travaille, il coupe dans le bout de la barre et voilà que ça fait une fourche.

— C'est ça ?

— C'est ça, répond Salisse.

La barre, que tient Bérêt avec des pinces, plonge dans la cuve d'eau. Salisse dit :

— Si tu le vois, aide-lui pour les paroles... va au-devant des paroles... ça fait trois ans qu'il n'a pas parlé, il a désappris, et la peur... hein ?

— Je sais, répond Bérêt.

— Salut.

Le forgeron, un pied en dehors de sa boutique, enveloppe d'un œil d'amitié Salisse, qui s'en va sa barre sur l'épaule.

Le fou est dans sa cabane et met de côté ce qu'il croit nécessaire pour le voyage. Soudain il lance dans un coin la couverture pleine de livres qu'il vient de préparer.

— Pourquoi je vous emporterais ? C'est nu que je devrais aller. Tout nu.

Du tiroir du chiffonnier, il prend une bague qui doit bien avoir cent ans. Une petite mère qui l'a portée. Et le fou la voit sans effort dans sa pensée puisque c'est la sienne. Elle a les cheveux gris. Il ne lui voit pas les jambes, pourtant elle est debout dans l'herbe. Une apparition. Il pousse la bague dans son petit doigt. Du deuxième tiroir, il prend ses deux cordes de violon, provenant d'un violon aujourd'hui perdu, qui avait appartenu à sa sœur, morte elle aussi. Son gilet de laine sur le dos, il sort sans fermer la porte de sa cabane.

Après avoir marché cent pieds à grands pas courageux, le voilà mou et troublé comme lorsqu'il allait à l'école avec le goût de pleurer. Il a envie de retourner dans sa cabane et de s'y embarrer à jamais. Si sa mère était là, elle lui dirait « courage ». Elle ne lui a dit que ça, quand il perdait ses positions, quand les hommes le dépassaient à cause qu'il était à pied, quand on le traitait d'oiseau maudit, superbement, parce qu'il rentrait tard la nuit, en titubant. La petite mère répliquait alors : « Tomber a été inventé pour se relever. Malheur à ceux qui ne tombent jamais. Patience, tout t'est interdit pour le moment, non parce que tu es pauvre, mais parce que ta cible est dans les sphères. Un jour... » Et ce jour n'est pas arrivé. Si elle le voyait aujourd'hui que dirait-elle, cette petite vieille couleur de terre qui ne savait planter que des radis, mais qui dans les aubes engageait des conversations avec le bon Dieu ? Hélas, elle n'est plus là. Son fils est seul sur une île et ne s'appelle pas Robinson... mais il va trouver ce qu'il cherche. Il retombe de nouveau en se frappant le front de découragement.

Salisse aurait dû le laisser tranquille. Il était bien avec les bécasses et les canards sauvages et la vase qui est bonne sous le pied. L'autre soir, la marée n'aurait pas dû se retirer. Il dormirait. Et dormir avec la conviction qu'on a retenu une île...

Retourner aux hommes ! Il a gagné la batture pour les fuir. Qui donc aimer ? Les morts ? Peut-être. Et les morutiers qui saluent du large, qu'il ne connaîtra jamais.

Il n'aurait pas dû parler à Salisse de cette chose qui vole ; le pêcheur en profite parce qu'il est ignorant et curieux, mais aussi parce qu'il est à la nage dans le médiocre et veut s'agripper à ce radeau qu'il a jeté. « Mets ton front en haut si la chose que tu as perdue vole. » Et c'est Salisse qui lui a dit cela !

C'est midi. Le vent joue dans la chevelure du fou. Il met sa main devant lui et caresse le vent. De l'autre côté de la mer, on voit des villages inconnus accrochés aux monts comme des nids blancs, où sûrement vivent en cage des prisonniers aux grandes ailes qui ont hâte à la fin du monde.

Derrière le fou c'est la batture et les escaliers de tuf où sont bâtis les villages de l'île et plus haut, le ciel. Non. Il ne voit pas la chose quoique ses yeux s'habituent à l'air salé. Elle doit être tombée quelque part. Et d'un coup de réflexion, le fou pense à tous les visages, toutes les maisons, tous les carrefours, toutes les idées qu'il devra resaluer pour parvenir au cerf-volant perdu.

Il lui faut tout recommencer à neuf, comme au premier jour de la création. Il ferme la main gauche, la bague lui mord la paume. La voix de sa mère lui dit : « Va donc te réconcilier avec les hommes. »

Il part, décidé, en battant les roseaux à grands coups de gilet.

# V

Le premier endroit que le fou a visité, c'est la rue du premier village. Vingt maisons qu'il y a à peu près. Toutes vieilles, toutes de pierres, toutes classiques et propres, blanchies à la chaux, offrant des fleurs, remplies de gens dans le bonheur jusqu'au cou, dans la saloperie, par-dessus la tête.

De la première maison sort une femme grasse, à la démarche vulgaire, coiffée d'un ridicule bonnet vert. Elle est ridée et porte une moustache. Une vraie sorcière. Elle balance une chaudière vide qu'elle va remplir au puits près du chemin.

Elle voit le fou. Les deux se regardent. Le fou a envie de l'insulter. Elle ouvre la bouche, une bouche édentée :

— Vous voulez boire, Monsieur ? Venez.

Quelle douce voix elle a ! Le fou n'a pas bougé. La femme retourne à la maison, son seau au bout du bras ; l'autre bras est loin du corps pour tenir l'équilibre.

« Elle m'aurait tout lancé au visage si j'avais accepté, ou peut-être qu'elle m'aurait tenu le front un moment. »

Le fou reprend la rue et marche avec l'idée qu'il aurait dû rester dans les fonds, ayant désappris le commerce avec le monde.

Chez le marchand Jacques. Personne. Par deux fois, pour bien s'en assurer, le fou est passé devant le magasin. Alors, il entre et se dit : « C'est ici que je poserai ma question pour la première fois. » Il est entré. La fille à Jacques est au comptoir, coudes appuyés, et écoute une musique, une enjôleuse musique bohémienne qui sort d'une boîte parmi d'autres boîtes. La fille écoute sans bouger. Le violon soutient longuement des notes comme un homme qui tient dans ses bras quelque chose de précieux et ne veut pas l'échapper. Le violon serre la chose précieuse sur son cœur, la fille serre la poitrine. Une longue mèche de cheveux roulés tombe sur sa joue. Un autre violon vient rejoindre le premier comme un oiseau rejoint son amie au vol et plane au-dessus d'elle. La jeune fille est belle, fraîche comme l'herbe. Sa main est fine et blanche. Le fou l'observe en silence et regrette de ne pas l'avoir connue, depuis le temps qu'il habite ce pays. La musique cesse, la jeune fille ne bouge pas. Sur la pointe des pieds, pour ne pas effrayer le charme, le fou s'avance le cœur serré. D'abord, il lui demandera à boire. Ensuite, il lui demandera si par hasard en observant les cieux, car elle doit souvent observer les cieux pour avoir cette profondeur dans la prunelle, elle n'aurait pas aperçu un cerf-volant. Sûr, qu'elle ne l'a pas vu... mais elle ouvrira la bouche pour répondre à si bizarre question et dira peut-être : « Non, Monsieur, mais à compter d'aujourd'hui, je me mets en observation », peut-être aussi, sourira-t-elle simplement et alors le fou repartira avec le sourire dans l'idée.

— Mademoiselle, excusez-moi, j'ai soif.

Elle a de grands cils qui jettent de l'ombre et une petite bouche toute rouge. De l'index, elle désigne la glacière où sont les liqueurs :

— Maudit niaiseux de bêta, sers-toé, tu vois pas que c'est un help-yourself ?

Elle a lancé cela d'une voix de vieillarde enrouée. Grotesque, elle a disparu en se branlant les hanches. Un rire a éclaté derrière les boîtes de biscuits : c'est un client à nez rouge et petit front qui n'a pas pu s'empêcher. Le fou, étourdi, comme atteint en plein front, se hâte dehors en s'aidant au chambranle de la porte.

Dans ce pays accidenté, la voiture de travail est la charrette. Dans la fabrication de ce véhicule n'entre pas de fer, pas même de clous. Jusqu'à l'essieu qui est de bois. Sur le devant il y a les ridelles qui sont hautes et légères et de chaque côté, les échelettes, qui, le mot le dit, sont de petites échelles. Chaloupiers et faiseurs de charrettes ont boutique dans l'île, pignon sur rue. Heureux artisans qui consacrent leur vie aux créations pacifiques !

Donc, les charrettes. En voici venir une, là-bas chargée de foin, que tirent deux bœufs. L'homme qui la conduit est noir, plein de soleil et crie : « Hue, marche, marche Orlé ! » Et il touche la croupe de ses bœufs avec une baguette.

« Et lui », se dit le fou, « la paysannerie c'est simple, réfléchi, malin, bien aéré de cerveau, ça parle par images, ça comprend les symboles plus facilement que les citadins à cause de la poésie qui les inonde : charrette, foin, attelage de bœufs, soleil, grange, pommiers, bâtiments, basse-cour, moisson. Il comprend les mots éternels parce qu'il vit dans l'éternité des choses et de toute éternité il y a eu un cerf-volant en voyage et un fou quelque part qui par chemins et tourments le cherchait, c'est simple...

Le fou posera sa question directement, sans détour. Et l'homme après avoir jeté un œil dans la paix lui fera une réponse intelligente et commandera ses bœufs en soulevant le chapeau. Sans hésiter le fou l'arrête et fait sa voix un peu brutale qui n'en est que plus sympathique :

— Pardon, Monsieur.

— Whoo.

— Vous n'avez rien trouvé qui volait dans l'air ?

— Comment ?

Le fou répète sa question.

— Comment ? répète aussi l'homme.

Le fou s'approche pour se faire mieux comprendre, croyant qu'il s'adresse à un sourd, mais l'homme a mis la baguette entre eux deux et cette baguette est plus large qu'un océan.

— Marche, hue, Orlé, hue...

Derrière la charrette, il y a un enfant qui suit à pied. Il porte lunettes et sur son chapeau, une plume blanche. Sa main agite une petite branche avec laquelle il recule les buissons.

Avant que le fou lui pose une question, il dit :

— C'est vous que la mer a jeté sur le rivage ?

— Oui.

— Et vous cherchez quelque chose ? Quoi ? Qui vole ?

— Oui.

— Un cerf-volant ?

— Oui.

— Où allez-vous ?

— Par là. Qui t'a dit tout cela ?

— Je le sais. Où allez-vous ?

— Au deuxième ou au troisième village.

Le petit bonhomme pousse un gémissement de désir en regardant dans la direction des villages qu'il ne connaît pas.

— Si je pouvais aller avec vous !

— Henriot, viens.

C'est le père qui crie à son garçon.

— Oui, papa.

Et le petit bonhomme à lunettes arrache de sa ceinture une poignée de foin d'odeur et la remet à l'homme.

— C'est du foin d'odeur. Bonne chance, Monsieur. Moi, je vous suivrais, vous savez...

— Toi ?

— Oui. Dites-moi quelque chose.

— Oh !

— Dites.

Le fou regarde en haut. Il regarde l'enfant qui a les narines toutes frémissantes et les muscles prêts à bondir. Au risque de l'empoisonner dans le cerveau pour bien des ans à venir, tremblant un peu, il lui dit cette parole de sa mère :

— Lance un câble aux étoiles.

L'enfant est resté là, trois secondes, muet comme une motte, pendant que la parole descendait dans son cœur.

Ce foin est vert, très luisant. On l'emploie pour parfumer la lingerie. Il reste toujours vert. Plus il vieillit, plus il sent bon. Son odeur en est une d'amande et de fruit.

Le fou y met son nez, sans remarquer que l'enfant marche à reculons derrière la charrette là-bas et envoie la main respectueusement.

Pour ne pas rencontrer d'autres personnes, le fou enjambe le clos. Dans le rigolet, il marche tête baissée comme une bête, sans savoir où ses pas le conduiront.

D'une talle de buissons qui est à vingt pas à gauche sort le canon d'un fusil qui le pointe. Derrière le fusil, c'est le Bouclé. Un jeune homme surnommé le Bouclé à cause de ses boucles comme des couleuvres. Il a la lèvre sensuelle, le nez droit et l'œil d'un ivrogne, mais le teint pâle d'une fillette et un corps félin comme celui d'une panthère.

— Je suis le Bouclé, celui qui effraie les gens. N'ayez pas peur.

— Je n'ai pas peur.

— La Terreur de l'Ile, c'est moi.

— Oui ? Sors qu'on te voie.

Le Bouclé obéit en souriant angéliquement.

— Tu as tué des gens dans le passé ?

— Non.

— Veux-tu commencer aujourd'hui ? Ce n'est pas le gibier qui te manque.

Le Bouclé a baissé le canon et le flatte. Le fou s'en va son chemin calmement après avoir dit :

— Mais mon pauvre vieux, la Terreur est de trop.

Le Bouclé lève le canon et tire en l'air. Le fou ne s'est même pas retourné. Le Bouclé fuit dans la direction opposée qui est le quatrième village, en se demandant si ce qu'il ressent est de la peur.

Maintenant c'est l'après-midi. Le fou a traversé un bois et est arrivé à un endroit que les habitants appellent le désert. Il est au milieu de l'île. Dans le désert, pacagent des animaux : des taurailles, des vieux chevaux en congé pour un mois et des vaches qui font leur veau.

Près d'un ruisselet s'assoit le fou. Il mange des bluets et des petites poires.

Tout à l'heure quand le jour bleuira, il se coulera au long de l'escalier et gagnera sa cabane. Pour le premier jour il en a assez.

En haut c'est le soleil et une alouette dedans qui chante. Personne ne semble avoir aperçu la chose qui vole. Deux mille pieds en hauteur, c'est beaucoup, et le vent qu'il faisait. La chose doit être au deuxième village ou au troisième. Quelqu'un l'a sûrement retrouvée et qu'est-ce qu'il en fait ? Il la transporte dans sa chambre et la contemple ou l'exhibe sur la place et lui donne des coups de pied ? Personne ne l'a retrouvée, c'est sûr. Sa tristesse le porte à rire. Douze bouleaux dans le bord du bois, ensemble comme les douze apôtres. Ils regardent le ciel. On dirait qu'ils suivent l'ascension ou le passage... mais non. Rien que l'alouette qui boit l'air.

Là, à cinquante pas de lui, le fou voit quelque chose par terre qui bouge. Il est debout d'un coup de jarret et pâlit et sent des gouttes de sueur lui mouiller le front. Il a peur. Il voit une grande chose. Un miracle. Il va crier. Il se penche et s'approche. Une vache est étendue et met au monde... Les animaux broutent un peu plus loin. La bête se plaint doucement et creuse une longue raie dans la terre noire avec sa corne.

— Courage ! crie le fou.

Le mot est sorti malgré lui. Il a peur du son que vient de faire sa voix, de l'animal qui souffre, de lui-même. Il se trouble. Dans ces moments-là, y a-t-il quelque chose à faire ? Ou est-ce l'attente qui est le mieux ? C'est qu'il n'a jamais vu une naissance. S'il avait le courage, il irait, et hardiment tendrait sa main et aiderait en tirant les pattes du petit. Il maudit de ne pas savoir la science de mettre des petits au monde. Il résume la situation et se pince le bras. Quoi faire ? La mère-vache souffle fort et se repose.

— Courage !

Elle a entendu la voix, se soulève, inquiète et péniblement essaie de se transporter plus loin.

— Non, non, non, je ne veux pas te faire de mal, reste où tu es.

Le fou s'éloigne à grandes enjambées. Derrière les bouleaux, il se cache. Ses mains tremblent. Il les regarde et se dit : « Qu'est-ce que j'ai donc à trembler ? » La vache s'est recouchée et geint encore. Personne ne vient. L'alouette est toujours dans le ciel. Le fou est assis et la tête dans ses mains il prie parce que c'est un fou.

Soudain il entend : « bée... » Le veau est né.

Blanc il est, et le bout des oreilles rouges. La mère est assise avec sa corne pleine de terre et n'en finit pas de saluer le petit qui est déjà debout, dos rond, hébété, mouillé comme s'il sortait de la main du Créateur au cinquième jour de la création.


Dans le chemin qui coupe à travers bois, revient le fou rythmant de longs pas. Il va, non pas comme un homme qui marche au fil des routes, à l'aventure, en flâneur, mais comme un homme qui porte message, commission, grande nouvelle. Le chemin est beau, ombragé. Des milliers de rayons coupés en petits morceaux jouent dans le bois. Le fou ne voit rien de cela. Il a hâte d'atteindre la ferme qui est au bout. Et après la bonne nouvelle, il demandera peut-être à ces gens s'ils ont vu la chose dans l'air, des fois, en travaillant dans les champs ? Le fou se demande pourquoi soudainement il est si heureux. Une clôture. Et derrière, un chien qui se dresse sur ses pattes. Mais quand on porte message important, nouvelle réjouissante, on fonce sur les chiens, même sur ceux qui montrent les dents. Le chien recule, le fou passe.

— Monsieur, qu'il commence, c'est à vous le pacage du milieu ?

— Oui.

La femme du fermier et ses garçons paraissent derrière le bonhomme.

— Vous avez une vache aux belles cornes en forme de lyre ?

Le bonhomme regarde ses fils et fait :

— Pas remarqué.

— Elle vient de vous donner un veau. Tout s'est bien passé. Blanc il est, oreilles rouges. Quand je l'ai laissé, il était debout. Je suis prêt à retourner avec vous pour le coup de main.

Les garçons éclatent de rire et se taisent parce que le père va parler. Poings renfoncés dans ses poches, il dit :

— D'abord qu'est-ce que tu fais sur ma terre toé ?

— Moi ?

— Qui es-tu ?

— Moi ?

— Disparais.

Les garçons aux yeux amusés et bêtes attendent une réponse en frappant leurs poings l'un sur l'autre. Le fou baisse l'échine et s'en va, déconcerté, ayant peur maintenant du chien et de l'homme qui montre les dents. Il s'en va à la course, cette fois vers le nord, où sont les escaliers et la cabane dans le bas.

# VI

— Pas vu, répond la femme de Salisse à la question de son mari.

— Ni Bérêt, ni personne ne l'a vu, dit Salisse. Ce sera pour demain. Je vais faire un tour.

L'idée de Salisse est d'entendre le fou raconter son voyage dans les hauts et de lui parler de quelqu'un qui habite au deuxième village.

— Tu devrais laisser ce fou tranquille, dit la femme. Dans sa folie il est bien et ne dérange personne. Rentre donc du bois, occupe-toi de ta maison au lieu d'aller entendre la langue qui ment et te trouble. Te voilà changé, Salisse.

Salisse dit :

— Vraiment ?

— Si ce voisinage continue, moi je rentre chez mon père.

Salisse rentre du bois, ensuite il décroche le fusil en disant :

— Je ne serai pas longtemps.

Il prend le sentier des pêcheurs d'anguilles et, parka ouvert, il descend à pas jeunes. Le changement est commencé.

Le jour baisse. Dans les crevasses de nuages roses se dévêt le soleil comme un danseur qui lance au loin ses habits de soie. Un pareil soir, le fou avait dit : « Il y a une ville dans le couchant infiniment plus belle que celle qui est à terre, mais pour l'habiter il faut mourir. » Et dès cet instant, l'amitié de Salisse pour celui qui avait retenu l'île, doubla. Et le respect aussi.

Un oiseau de proie tourne autour de Salisse, mais dès qu'il se rend compte que l'homme est armé, il s'éloigne.

Par accoutumance, Salisse marche courbé dans les roseaux. Tout le long de la batture, il marche courbé. Rendu à cent pieds de la mer, il scrute les vagues entre les roseaux. De derrière un caillou débouche un oiseau brun, au long cou, perché sur des pattes minces, qui marche comme à la promenade. Le pêcheur épaule, tire. L'oiseau tombe sur le côté comme un brin d'avoine. Sans se presser, Salisse continue. Il ramasse l'oiseau qui ne pèse pas une demi-livre et dont les ailes ont quatre pieds d'envergure. Il va partir de là, quand il aperçoit un canard tombé aussi à côté. Le canard est infiniment plus lourd, mais plus courtes sont les ailes. Il prend les deux oiseaux et s'en va vers la cabane, qu'on dirait en feu, tant le soleil éclate sur les vitres.

— Bonjour, je t'apporte de quoi manger.

Le fou est à lire un livre.

— Bonjour. Tu es revenu aux livres ?

— On y revient toujours.

Salisse jette les oiseaux aux pieds du fou et s'assied amont le mur. Le fou ferme son livre et regarde par le carreau.

— Ta ville, on la voit bien ce soir.

Le fou sourit intérieurement. Salisse est un homme qu'il aime parce qu'il est fruste et devine les choses qui sont belles. Le fou est trop orgueilleux pour lui avouer que sa visite lui plaît. Il s'était bien promis de le disputer à cause de ce voyage manqué dans les hauts, mais il se retient. De son mur, Salisse conclut en voyant la déception sur le visage du naufragé que la journée n'a pas été bonne. Il pousse les gibiers du bout de son fusil pour engager la conversation.

— Des oiseaux. Vois. Un canard et un oiseau.

Le fou ramasse l'oiseau qui n'a pas de nom, lui ouvre les ailes, un vrai drapeau de pays de légende. Salisse fait signe que oui. Avec enchantement, le fou regarde ce pêcheur assis en face de lui, qui ne sait pas beaucoup de mots mais qui comprend le monde de la lumière. Le fou dépose délicatement l'oiseau de vent sur sa table et remarque les trois petites griffes à chaque patte :

— Pour s'accrocher aux nuages.

— Pour s'accrocher aux nuages, répète Salisse.

— Entendre ce que cet oiseau a vu, moi, j'en mourrais !

Salisse fait signe que lui aussi et ne parle pas. Comme des coups de clairon qui appellent les héros sur le chemin, ces dernières paroles du fou ont résonné à son cœur. La ville dans le couchant est disparue. Il fait mauve.

— Et ta journée ? demande Salisse. Tu as trouvé ?

Le fou arpente la cabane doucement. On n'entend pas ses pieds toucher le parquet. Sa bague brille à son doigt.

— Rien.

Il pense à l'enfant qui lui a donné le foin d'odeur, mais n'en parle pas. Il allume le fanal et va s'asseoir plus loin. La porte de la cabane est ouverte et entre la brume. Un nuage est en train de se former juste à l'endroit où est la cabane.

— Et demain ?

— Demain, je reste ici.

Salisse se lève et hésite. Le fou lui tend le fanal. Salisse accepte. Rapporter le fanal sera une raison de revenir demain soir.

— Tu as quelque chose à me confier ?

— Oui, écoute, dit Salisse, je suis venu te dire...

— Quoi ?

— ...au deuxième village, il y a l'homme qui joue de la guitare.

— Que veux-tu que cela me fasse ? Je ne veux pas le voir.

— C'est un vrai clown du cirque Barnum and Baily qui a fait rire le diable dans un fanil de grange une nuit de Toussaint.

— Et puis ?

— Et puis, peut-être il a trouvé... il trouve tout.

— Non.

— On raconte que derrière un globe de verre il garde une étoile qu'il a attrapée un matin. Va le voir.

Le fou baisse la tête.

— Jamais.

L'autre :

— Moi je te le dis. Bonsoir.

Le pêcheur s'en va à travers les roseaux en balançant le fanal dans la brume. La brume roule alentour de lui. Telle une grosse mouche à feu, le fanal disparaît, reparaît, s'éloigne et s'éteint pour de bon. Le fou ferme la porte sans bruit et à tâtons regagne son grabat. Par le carreau c'est plein de ténèbres qui regardent à l'intérieur. Soudain, la lune. Le fou bondit dehors et tombe dans une coulée de lune. Il pousse un long soupir. Le nuage a levé l'aile sans lui. La cabane est bien là, seule, à terre comme un caillou. Lentement, le fou rentre, prend son cœur dans ses mains et se couche par-dessus.

Le vent a repris de plus belle, mais cette fois sans direction. On le croit au sud, il est nordet et soroît. Un vent mêlé. Un vent que le fou aime. Comme une immense couleuvre, il rampe dans les roseaux, se cabre et se recouche. La marée est fine basse. Trois goélands jouent dans l'air. Le fou pense à l'homme du deuxième village qui joue de la guitare et qui cache une étoile derrière un globe de verre. « J'irai demain. Aujourd'hui je vais par là. »

Le fou s'engage sur le plein et va pieds nus dans le limon, souliers au dos. De l'orteil il ouvre les huîtres, lesquelles sont entrouvertes et vides. Près de la pêche à Salisse qui est à quelque cent pieds, le fou s'arrête et s'assoit sur un caillou. A cet endroit il y a plusieurs gros cailloux. Le fou découvre qu'ils ont tous le gros bout au large. Il se demande pourquoi et n'y pense plus.

Le voilà du long de la pêche. Salisse n'est pas là, mais sa barge est ancrée dans les roseaux. Le fou marche en se tenant à la broche de la pêche. Des vingtaines de petits oiseaux, gros comme des petites truites, font un bruit mouillé comme l'eau qui frise entre le filet.

Le fou pénètre dans le premier port. Chaque fois qu'il va à la pêche de Salisse, il a toujours hâte de savoir ce que la mer a apporté. C'est d'ordinaire de l'esturgeon, du bar, de l'anguille, du doré, une fois un canard. Mais le fou ne peut

s'empêcher de penser qu'un jour il verra un tré-
sor, une caisse d'argent avec les serrures d'or
comme en trouvaient les pirates autrefois, ou un
paquet de lettres d'amour, ou le soulier d'une
reine, ou un miroir où l'on voit des villes qui
bougent. Rien de tout cela.

Alors, il revient et continue sa marche sur la
grève. De très loin il voit le phare pour les
bateaux. Il a souvent voulu y aller. Ce matin il
ira. Tout en marchant, il observe la vague.
Comme une sœur aînée entraîne par la main sa
petite sœur, ainsi la grande vague rejoint la plus
faible et l'emporte. Il se demande pourquoi il a
goût de chercher et de marcher ce matin. Toute
la période de fraises et la période des pommiers
en fleur et la période des foins, il est resté tapi
dans sa cabane, ne voulant voir ni visage ni
lumière. Salisse était le seul qui venait et qui lui
disait : « Lance la chose qui vole, tu guériras. »
Il l'a lancée. Salisse va le guérir. Le fou est
presque content. D'un autre côté il ne veut pas
guérir. Il craint le bonheur que tous cherchent,
le bonheur qui engourdit. Dans le monde qui est,
il n'y a pas ce qu'il veut. Dans le monde qu'il
fera... mais allez donc faire un monde ! N'importe, mourir à une tâche irréalisable est préférable à vivre sans heurt comme un incliné.

Dans le phare il monte, monte, monte par l'escalier de fer au milieu de la charpente d'acier, qui est haute de soixante-quinze pieds et qui porte la cabane à phare sur sa tête. A mesure qu'il monte, le vent augmente. Le fou aperçoit des villages qu'il n'avait jamais vus dans la lunette de Salisse. Les champs lui paraissaient des tapis et les clôtures des motifs dans les tapis. Le voilà à hauteur d'orme, perspective d'oiseau. Il voit les chemins creux sous les cèdres amont les coulées qui conduisent aux fermes et aux villages. Vivre lui paraît bon.

La trappe du phare est ouverte. Il s'y engage et le voilà dans l'escalier de bois, à l'abri. Il monte, et soudain, deux têtes immobiles sous leur chapeau de paille qui l'observent, trois marches plus haut.

— Je vous demande pardon.

— Qu'est-ce que vous voulez ? demande une voix de garçon.

— Je croyais qu'il n'y avait personne.

— Il y a quelqu'un.

— Alors, je descends.

Et il se demande comment il se fait qu'il a peur d'un petit garçon.

— Qui êtes-vous ? demande une douce voix de jeune fille.

Le fou tremble parce qu'il croyait que cette jeune fille était un autre garçon. Il s'en va sans répondre. Dans l'escalier de fer, le vent lui tombe sur le dos et le frappe sur la tête, sur les épaules, sur les jambes. Il lui semble que toute la charpente va lui crouler dessus. Le voilà sur le plein. Comme une bête, il évite les éclaircies, gagne la batture et derrière les aulnes reprend son souffle, debout, traqué.

Dix minutes plus tard, les deux enfants s'en vont en chantant, la jeune fille en se retournant souvent vers les aulnes.

# VII

Les hommes de cette île ont les yeux verts, les femmes sont blondes et fortes et les enfants sont en général très jolis, surtout les fillettes. On en voit portant longues tresses, bonnet blanc et tablier rouge; elles ont l'air de petites Hollandaises échappées d'une toile.

Dimanche. Ciel, village et villageois sont endimanchés. Les bicyclettes sont appuyées sur la vieille église et toutes espèces de cabriolets, voitures, victorias, s'entassent sur la place. Les enfants de chœur avec la soutane et le surplis roulés en paquet sous le bras, s'interpellent au milieu du chemin. Par groupes, les anciens fument.

Comme dans toutes les campagnes, les vêtements de dimanche n'habillent pas bien les hommes. D'aucuns se coiffent du melon noir qui fait ridicule sur une tête forte à teint de cuir. Plusieurs jeunesses ont le chapeau de feutre de la couleur verte ou bleue, la couleur et la forme bon marché que dédaignent les cousins de ville plus au courant de la mode et du bon goût. Et tous ces travailleurs du sol et de la mer, sanglés dans des habits trop étroits ou trop amples, figés sur la place publique dans des souliers fins, ont l'air de pèlerins de province qui attendent le bateau. Certes, ils sont plus intéressants à voir, chaussés de bottes, bras nus, tête nue, mesurant un sillon, fendant la vague ou escaladant une échelle. Vraiment ce sont des hommes de semaine et ils le savent.

Dimanche. Le cantique est commencé. Les vieux secouent leur pipe et entrent dans le temple en chantant. Tout se passe comme dans un livre pacifique. Les vacanciers se mêlent avec joie à ces insulaires, ne serait-ce que pour voler un peu de leur sérénité.

La messe est terminée. A l'écart sous une volée de cloches, marchent Bérêt, le forgeron, et Henriot l'enfant à lunettes.

— Que ça ne se répète plus, sinon je le dirai à ton père.

— Vous lui direz.

— Petit courailleux.

— Il me donnera la fessée, et puis ? Je pleurerai, et puis ?

— Et puis, tu ne recommenceras plus.

— Je recommencerai.

Bérêt ne trouve pas les paroles à dire à cet enfant à lunettes qui tourne placidement dans ses doigts une plume blanche.

— Enfin, pourquoi tu viens rôder autour de ma forge le soir et ça fait trois soirs de suite ?

— Et vous, qu'est-ce que vous faites sur votre vieille véranda avec l'adoptée dans les bras et l'œil dans le noir vers la route de Salisse, et ça fait cinq soirs de suite ?

— Tu m'espionnes donc ?

Bérêt le forgeron veut se fâcher, mais allez donc vous fâcher contre un enfant, surtout quand on en a six à soi et un septième adopté. D'une petite voix d'alto, Henriot dit gravement :

— Monsieur Bérêt, nous attendons la même chose.

— Quoi ?

— Vous le savez bien.

Devant cet enfant qui parle comme un homme, voilà Bérêt qui balbutie :

— Qu'est-ce que tu racontes, garnement ? Moi, je prends le frais le soir sur ma galerie et toi tu rôdes dans le village.

— Pas vrai.

Il va pour effrayer Henriot en marchant sur lui, mais Henriot, sans reculer, l'attend, l'œil droit. Avec un sourire il demande :

— Est-ce que vous l'avez-vu ?

— Qui ?

— L'homme.

— Quel homme ?

— Celui qui cherche.

— Quel homme qui cherche ? Tu es fou.

Ils se toisent.

— Salisse n'a pas apporté d'autres nouvelles ?

Bérêt sourit, se rend et dit :

— Non, mais tu es bien petit, comment sais-tu ?

Fièrement l'enfant ajoute :

— Il m'a dit à moi d'accrocher un câble aux étoiles.

— Quand ?

— L'autre jour, j'étais derrière la charrette.

— Pas vrai.

— Oui.

— Non.

— Oui.

Bérêt est bien surpris de lui-même; le voilà qui se dispute avec un enfant et trouve stupide de continuer.

— Va-t'en, Henriot.

— Alors c'est convenu entre nous deux ?

— Va donc falloir que je te chasse ?

— On se dit les nouvelles ? Je suis venu faire cet arrangement avec vous.

Voilà Bérêt qui s'arrête de plus en plus surpris pendant que l'enfant poursuit calmement :

— Moi, j'habite au bord du pont, loin des battures, de chez Salisse, vous êtes mon plus proche voisin... et je ne pense pas que l'homme vienne par chez nous. Je tiens à le voir parce que bientôt je serai un homme et quand je serai un homme, je ne veux pas ressembler à mon père.

Henriot joint les poings et appuie sa tête dessus sans parler. Ils ont atteint la forge. Bérêt réfléchit en croisant et décroisant ses bras. Puis, penché :

— C'est entendu, petit, je te communiquerai les nouvelles comme à un homme.

Henriot, l'enfant à lunettes, fait un salut de la main avec un sourire derrière les lunettes et s'en va. De l'arbre qu'il y a près de la route, Henriot s'est coupé une branche. Il prend le chemin du pont en reculant les herbes avec sa branche. Quand Bérêt ne le voit plus, il murmure : « Salisse, lui et moi. Trois. Nous sommes trois déjà. » Et de l'œil il ramasse l'île. « Trois dans l'île à chercher un cerf-volant. »

Bérêt enlève l'adoptée dans ses bras, gagne la galerie qui est au deuxième et fume. Il donne l'impression d'un homme qui se repose et fume, parce que c'est dimanche, mais ses yeux fouillent chaque partie du ciel.

En bas, c'est la sortie de l'église et les hommes et femmes qui s'en vont chez eux, s'échangeant de petites calomnies gentilles, fusant des rires, pensant au dîner, à de petits problèmes domestiques, à leurs intérêts, à rien.

— Je te rapporte ton fanal.

Près d'un reste de pain sur la table est assis le fou, jambes pendantes. A ses pieds il y a un seau d'eau et dans le seau des choses qui bougent. Salisse se penche sur le seau et observe les choses qui bougent. Puis, il va s'asseoir amont le mur, à sa place accoutumée.

— Alors ?

Le fou commence :

— Aujourd'hui, je suis sorti.
— J'ai vu tes traces dans ma pêche.
— Plus loin que ta pêche.
— Pas vrai ! vis-à-vis le deuxième ?
— Plus loin.

Salisse se réjouit.

— Bon, où ?
— Au phare.
— Le phare des blonds ?
— Quels blonds ?

— Les enfants blonds. Ils sont tous blonds dans cette famille les enfants qui vont au phare.

— C'est donc ça.

— Comment, tu les as vus ?

Et Salisse est bien content. Il s'apprête à écouter, mais le fou s'est tu. Alors le pêcheur dit :

— C'est loin. Je te félicite. Tu vois ? Te voilà qui fais des courses maintenant.

Le fou ne bouge plus.

— Moi je suis allé à la ville, dit Salisse.

Mais il sait que le fou n'aime pas cette conversation. Alors, il lui offre de faire un tour dehors et le fou ne répond pas. Salisse se lève.

— T'es-tu informé aux enfants ? Un phare, c'est élevé ? Ils l'ont peut-être aperçu ?

Par les roseaux il est parti, puisque le fou ne répond rien.

Dans le seau plonge la main du fou. Il prend une écrevisse, lui coupe les pinces, une autre écrevisse, lui coupe les pinces et coupe les pinces de toutes les écrevisses qui sont dans le seau. Derrière les yeux de toutes les écrevisses il va avec la pointe de son couteau chercher les pierres blanches que les gens de l'île emploient comme nettoyant quand ils ont une saleté dans l'œil. Puis il lance toutes les écrevisses dehors et dans les

pinces qu'il a gardées, il perce un trou. Un trou
à chaque pince. Il prend une corde et enfile les
pinces dans la corde. Le bracelet est fini. Il l'es-
saye à son poignet et le cache dans sa poche.

A la brunante, deux heures plus tard, le fou
est revenu d'une course. Personne ne l'a vu. Il
s'assied sur la table, se tape dans les mains et
sur les cuisses. Il rit par le carreau et un goéland
est venu voir qui c'était qui riait ainsi.

# VIII

Dans le matin tout neuf, gracieux comme une fleur, descendent les deux enfants blonds. Ils s'en vont éteindre la lumière du phare. Les corneilles répètent toutes sortes de cris et de rires et d'imitations sous les sapins de la coulée. C'est un matin où les vacanciers vont se rouler dans le trèfle qui sent bon.

Couleur de vent, roses et joufflus, prestes et libres, s'en vont les deux enfants sous leur chapeau de paille. Mais le garçon ne rit pas. Il est sérieux et porte un carquois. La jeune fille ne porte rien que de la lumière plein ses bras.

Ils arrivent au phare. La jeune fille monte la première parce que le garçon vient de lui passer la clef de la trappe. Elle monte dans l'échelle de fer, agile comme une chevrette. Son frère suit, lentement, en faisant une petite pause à chaque marche pour mieux scruter les alentours. Ses yeux s'arrêtent sur les talles d'aulnes. Rien ne bouge. Quand il arrive à la trappe, il voit sa petite sœur toute rouge et gênée, les mains dans son chapeau qu'elle a mis sur ses genoux.

— Qu'as-tu ?

— Regarde, c'était là, attaché après le cadenas.

— Qu'est-ce que c'est ?

— Des pinces d'écrevisses.

— Laisse-moi voir.

— Non, c'est à moi, je le garde.

Déjà le bracelet est noué à son poignet. Elle serre le nœud avec ses dents. Le garçon ouvre la trappe et va à la lumière. La fillette veut lui aider, mais répand de l'huile sans le faire exprès.

— Mets le rideau.

Avant de glisser le rideau, elle regarde rapidement derrière les aulnes...

— Bonjour.

Elle fait « Oh ! » le jeune garçon aussi. Ils se retournent tous les deux, effrayés et le fou est là derrière eux qui fixe le carquois.

— Pourquoi des flèches ? Il n'y a que moi dans les fonds.

La jeune fille a caché sa main qui porte le bracelet. Le garçon n'arrive pas à prendre contenance devant le calme de cet homme avec sa tête brûlée par le vent.

— Je viens vous demander quelque chose.

Les deux enfants se regardent craintivement.

— Je viens vous demander si vous n'avez pas vu un cerf-volant.

— Un cerf-volant ? demande le garçon.

— Une chose longue, légère, qui vole, avec des boucles qui ressemblent à des canards à la queue leu leu. J'ai cassé la ficelle et maintenant il faut que je la retrouve. C'est précieux.

Le garçon ne sait quoi répondre. Il dit :

— Je ne l'ai pas vu. Toi, Yose ?

Yose rapidement fait signe que non.

— J'aurais pensé que vous, des enfants, avec vos yeux...

Les enfants se regardent et voudraient savoir qui il est. Le garçon a hâte de partir pour raconter la chose à ses parents. La fillette n'a plus peur. Elle a ramené son bras pour que le fou voie son poignet.

— Quel âge avez-vous ?

— Moi, j'ai quinze ans.

— Moi, treize, dit Yose, en regardant le fou avec des yeux de femme.

Il regarde au loin :

— A cet âge, moi, je jouais aux empires avec ma mère, les jours de pluie.

Il descend.

— Attendez-nous, dit la jeune fille.

— Où allez-vous ? demande le garçon.

Le fou les attend au pied du phare. Les voilà qui font route ensemble. Le fou marche au milieu, à grands pas. Les enfants courent pour rattraper son pas. Le chapeau de la fillette a glissé dans son dos; un galon rouge le retient. C'est vrai qu'elle est blonde ! Au pied du chemin creux, là où les corneilles répètent des rires, le fou s'arrête brusquement.

— Où allez-vous ? demande le garçon.

— Au deuxième village, voir un homme.

— Mais vous pouvez passer par notre chemin,

dit la jeune fille que la marche a essoufflée.

Des perles de sueur comme la rosée sont sur sa lèvre.

Hop ! Il a sauté le clos et à même le tuf il grimpe la longue côte et s'enfuit en courant. Il s'assoit. Les mains en porte-voix, il crie à Yose pour la rassurer :

— Ne crains rien. Vois, je chante.

Il chante. Et son corps maigre disparaît entre les arbres, en se balançant.

Au sommet de cette côte est perché le deuxième village où vit l'homme qui joue de la guitare et qui garde une étoile derrière un globe de verre.



— Il ne faut pas le dire à nos parents.

— Tu crois ?

— Non, jamais, c'est un secret. Gardons-le pour nous deux.

Les enfants blonds pensent à ce qui vient de leur arriver. Yose est toute distraite et serre le bracelet de pinces dans sa main.

On entend cloc cloc cloc sur le chemin qui est devant la maison. C'est l'infirme, menant son cheval blanc, qui vient chercher la sœur de Yose pour la promenade.

— Yose ! crie l'amoureuse de l'infirme, Yose, où es-tu, Yose ?

Aussitôt qu'elle a entendu son nom, elle est partie à la course derrière les couches-chaudes, et s'est cachée dans le verger. Son frère, le petit blond au carquois, l'a suivie.

— Pourquoi te caches-tu, Yose ?

— Parce que je ne veux pas aller avec eux, je ne veux plus les chaperonner.

— Pourquoi ?

— Parce que c'est laid ce qu'ils font.

— Yose ! crie l'amoureuse, viens, nous partons.

Yose ne bouge pas.

Alors les amoureux, n'ayant pas la permission des parents de partir seuls, veilleront sur la galerie. On attache le cheval près du puits.

Quand le soir est tombé, Yose se montre. Sa sœur la chicane et l'infirme lui lance des yeux méchants.

— Pourquoi t'es-tu cachée ?

— Parce que je ne veux plus aller avec vous.

L'amoureuse a frappé Yose et Yose a dit en montrant le bracelet :

— Moi aussi j'ai un amoureux. Si je lui disais que tu m'as frappée, il te tuerait.

Elle s'en va vers la maison, laissant les deux autres tout consternés.

# IX

Jubiau, l'homme qui joue de la guitare est petit, borgne, bossu, tête rasée comme un bagnard, un paquet de nerfs. Quand il se déplace c'est par mouvements secs comme ceux d'un rat. Il ne rit jamais, mais sait les histoires les plus drôles, les plus fantastiques, les plus bêtes, qu'il raconte avec forcé gestes et grimaces, frisant la vulgarité, l'obscénité. Mais de l'intelligence, il en a à revendre. Une veillée sans lui est une veillée manquée. Clown, meneur de jeux, comédien, menteur, hypocrite, il est reconnu le plus grand joueur de tours de l'île. De la guitare, il n'en joue que pour lui-même. Quand on le voit passer avec son instrument serré sous le bras, recueilli et sérieux, comme un prêtre avec le viatique, c'est qu'il va à un malade. Le fou n'a pas osé l'aborder durant le jour à cause des gens qui auraient pu les voir ensemble, à cause de la lumière qui est trop forte et qui porte l'œil à fuir. Mais dans l'ombre, ce sera autre chose.

Un chemin montant. Au bout, derrière un clos de perches, la lune qui sort. A cause des accidents de terrain, il n'est pas rare en ce pays de voir la lune se lever entre les cornes d'une vache.

Salisse lui a dit que le petit homme demeurait à gauche d'une croix, en face d'un moulin. Une maison.

Du parterre de la maison montent des éclats de rire. Le petit homme, debout au milieu d'un groupe de gens raconte des histoires qu'il mime de tout son corps. Le fou, coulé dans l'ombre, essaie de comprendre. Il ne peut saisir les mots, mais la voix aigre et pointue de ce bouffon lui déplaît. Cette mise en scène le dégoûte. Il est trop facile de faire rire les gens qui ont le verre à la main. Pourtant Salisse lui a dit les qualités de cet homme ridicule en apparence.

— Bonsoir.

Le fou se retourne. Un bras se glisse sous le sien, avant même qu'il n'ait eu le temps de faire un geste; et le voilà qui marche sur la route où est la lune. Son compagnon est borgne et sent l'alcool à plein nez.

— Je vous ai vu. Je me suis glissé.

— Mais vous étiez là il y a un instant.

— Et dans un instant j'y serai encore. Alors, vous voulez manger ? Un homme qui marche a faim. Vous n'êtes pas d'ici et vous êtes à pied.

— Je n'ai rien demandé. Je regardais.

— Presque chaque soir, il y en a un qui regarde comme vous faites. Et je me glisse et je demande : « Tu as faim ? » Leur surprise passée, ils répondent tous oui. Ils se servent et s'en vont.

Le petit homme débite tous ces mots avec une vitesse folle. Le fou ramasse ses esprits et répète :

— Je n'ai rien demandé.

— Vous gênez pas. J'ai de l'excellent miquelon qui claque comme une taloche si vous oubliez la pinte d'eau. Trois dollars.

— Non.

— Si monsieur est de la haute, il y a les liqueurs fines qui viennent du Mexique et les cigarettes noires qui les accompagnent. Huit dollars.

— Non.

— Je comprends.

Ce disant, il baisse une branche d'arbre et désigne en souriant une petite femme assise parmi le groupe là-bas.

— Non.

— Alors, parlez, mes visiteurs se plaindront que je les délaisse.

— Ils doivent bien vous aimer.

— Oui. J'ai de la facilité à être dégoûtant.

— Vous êtes celui qui joue de la guitare ?

Voilà le petit homme qui s'arrête de marcher et qui s'excuse des permissions prises auprès de cet inconnu. Il ramène son bras dans sa poche.

— Je m'excuse. J'aurais dû me douter. Vous n'êtes pas d'ici et vous savez.

— Oui, répond le fou.

— Un malade au premier... ou peut-être au troisième ?

— Non.

— Ordinairement on vient me voir pour des petits services pas très jolis. On gagne sa vie comme on peut. Que voulez-vous de moi ?

— Je viens vous demander si vous n'avez pas vu la chose ?

— ...

— Celle qui est propre et qui se cache loin de la pourriture et force l'homme à penser qu'il y a espérance. Je ne sais si vous me comprenez.

L'autre ne rit pas. Il est le premier à ne pas rire. Le voilà grave. Il se touche le menton qui est couvert d'une petite barbe grise.

— Non, je ne l'ai pas vue. Pourtant...

— ...

— Pourtant il serait temps que quelqu'un la lâche.

— Elle est lancée.

— Et c'est vous...

— Oui.

Le petit homme est plein de respect.

— Où demeurez-vous ?

— Dans les fonds du nord, près de la pêche à Salisse. Le fou de l'île, c'est moi.

Le joueur de guitare est rempli d'admiration et de gêne.

— Salisse m'a suggéré que je vienne vous voir. Jamais je ne laisse les fonds, jamais. Mais le cerf-volant est perdu, il faut le retrouver et je ne peux pas le chercher ailleurs que chez les hommes, ailleurs que dans le mal. Oui. Vous. Moi.

Le petit homme maigre à l'œil vif, mains dans les poches, écoute sans broncher. Après un temps, il dit :

— Oui, un beau soir, si vous me le permettez, j'irai chez vous près de la pêche à Salisse. Je vous attendais. Et nous reparlerons... parce qu'ici vous perdez votre temps.

D'un geste brusque il montre le deuxième village.

— A part les enfants et les arbres, personne ne guette. Il est peut-être tombé dans un champ et le laboureur aura passé dessus avec ses bœufs.

— Je vous attendrai, dit le fou. Il le regarde et dit :

— Il paraît que vous gardez une étoile derrière un globe de verre ?

Le petit homme fait « chut ! » Cette question semble le bouleverser profondément.

— Non. Ce n'est pas vrai, dit-il songeur. Autrefois quand j'étais pur, mais aujourd'hui... et puis, je suis saoul !

Il reste là, face contre le sol. Le fou a pris la route qui descend. Dos à la lune, il regagne les ténèbres.

L'autre fixe l'ombre par où vient de disparaître celui qui l'a bouleversé. Un grand temps se passe.

— Qu'as-tu, Jubiau ? Je t'attends, Jubiau.

C'est le Bouclé qui a laissé le groupe là-bas et est venu rejoindre son ami.

— Rien.

— On y va ? C'est la nuit. Elle m'attend.

— Oui, le Bouclé, j'y vais.

— Qu'as-tu ?

— Si je te disais qu'un jour j'avais rêvé de partir seul par les chemins, comprendrais-tu ?

— Non.

— Un jour ou l'autre, il faudra que tu comprennes le sens des choses cachées.

— Quelqu'un est venu ici ? Qui ?

— Un homme.

— Qui ?

— Tu ne comprendrais pas, le Bouclé. Viens. La femme t'attend. Après tout, je ne suis qu'un charretier. Rends-toi à la bagnole, je vais prendre congé de mes gens.

Comme un pitre, il paraît devant ses invités, un verre au bout du poing. Il raconte une histoire sale que des rires ovationnent, souhaite le bonsoir, s'excuse et disparaît.

Il est dans la bagnole avec le Bouclé, sur la route qui conduit au cinquième village.

— Celui que j'attendais, le hors-la-voie que j'attendais...

— De qui parles-tu, Jubiau ?

— D'un fou.

Il le décrit.

Le Bouclé dit rêveusement :

— Je le connais, je l'ai pointé avec mon fusil dans la route des Sables. Il n'a pas eu peur. C'est le premier. Que fait-il ici ?

— Il cherche.

— Quoi ?

— Ce que tu cherches aussi. Ce que nous cherchons tous.

— Moi, je ne cherche rien.

Le Bouclé boit à même une bouteille de vin qu'il vient de sortir de sa poche.

— Tu vois bien que tu cherches.

Les yeux demi-fermés, le Bouclé somnole pendant que la bagnole traverse plusieurs villages. Jubiau pense à son étoile derrière le globe de verre.

Le Bouclé continue de boire. Au bout du cinquième il y a une gentille maisonnette entre les pivoines, dans laquelle brille une petite lampe rose, discrète et chaude. La bagnole s'arrête. Le Bouclé paie et siffle trois coups. Une femme sort de l'ombre. Une femme au teint de lait, aux lèvres méchantes. Elle enlace le Bouclé et l'aide à entrer dans la maison. Jubiau a cligné de l'œil à la femme, mais pas comme d'habitude; il pense au mal, à l'homme, à lui, au Bouclé et à cette femme des Abîmes qui n'est pas heureuse. Il s'en va.

Dans la gentille maisonnette, la femme des Abîmes a demandé au Bouclé ce qu'il a.

— Rien. Un homme est venu.

— Qui ?

— Un fou qui d'une phrase a bouleversé mon charretier. Moi, celui qui me bouleversera d'une phrase n'est pas né. Une chose qui vole ! Ils sont tous fous à tuer ! fous ! fous !

Les ténèbres submergent ce mot. Et la femme des Abîmes est à cent lieues du Bouclé qu'elle tient dans ses bras.

# X

Parce que l'homme lui a dit : « Il faudrait que je te tue, la chose est en dedans de toi », voilà que Yose la fillette du phare est malade d'amour. A son âge !

Sa sœur, plus âgée, l'amoureuse de l'infirme, a fait la paix avec elle. Elle a voulu faire parler Yose, mais Yose n'a rien dit.

— Ecoute, Yose, tu nous as surpris à s'embrasser, mais c'est naturel, c'est normal, c'est ça l'amour, d'ailleurs nous ne faisons pas que nous embrasser, nous parlons souvent de la mort.

Elle n'a que seize ans et elle prononce d'une voix de tragédienne :

— On se dit : « La mort seule nous désunira... la mort ».

— Tu l'aimes, ton malade ?

— Mon héros. Ce n'est pas pour éviter la guerre qu'il s'est envoyé la hache sur le pied, c'est pour rester près de moi. Mais les gens ne savent pas. Si tu savais comme notre amour est grand, il noierait tout le village, toute l'île, toute la terre... ce soir nous parlerons de la mort.

Yose fait une grimace que sa sœur n'a pas vue.

— Parle-moi du tien, ton amoureux.

Mais Yose reste fermée.

L'aînée s'en va et s'enferme dans sa chambre. Par la fenêtre, elle lance des baisers sur sa main en direction du village, qui sont recueillis derrière une autre fenêtre par un jeune homme craintif, aux yeux brillants, enveloppé de solitude et de mépris, penché sur des béquilles.

Yose, lourde de pensées, va sous les pommiers qui sont lourds de fruits. Elle examine son bracelet de pinces d'écrevisses et lui sourit. Quand elle est seule, elle le sort de sa poche et le met sur son poignet ou sa cheville. Sur son poignet elle fait danser son bras, sur sa cheville elle fait danser sa jambe. Son amoureux à elle est plus vieux, mais il n'a pas le pied qui lui dessèche. Son amoureux n'habite pas le village et ne porte pas chapeau noir et cravate blanche, ni montre au poignet. Son amoureux n'a pas de cheval au poil luisant, ni voiture qui brille. Il n'a au doigt qu'une bague, elle l'a vue. Il habite le vent et ne possède rien. Ses joues sont maigres et ses tempes grises, mais il sait la science de retenir les îles qui vont à la dérive quand viennent les hautes mers... « Je voudrais bien savoir s'il a trouvé ce qu'il cherchait. Demain peut-être, il sera dans l'escalier tenant dans ses mains la chose qu'il a perdue. La mort ! Comme il doit bien parler de la mort ! S'il m'avait tuée ! »

Et toutes ces idées, comme des oiseaux à crête bleue s'envolent du cœur de Yose. Un nuage en forme de lampe d'Aladin passe devant elle, chargé de bonheur. Si sa sœur était à ses côtés, elle lui dirait : « Je suis plus heureuse que toi. » Elle cueille la marguerite et la marguerite déclare carrément qu'elle n'est pas aimée. Elle regarde le ciel : son nuage en forme de lampe est devenu un canon qui crache du feu. A la hâte elle quitte le verger.

Alors, se présente le Bouclé. De grand matin, par un temps barbouillé. De longs nuages sales comme des bavures de mer traînent au-dessus des côtes. Le Bouclé avec ses bottes, brise les morceaux de brouillard pleins d'eau. Il frappe chez le fou. Le fou paraît. Le Bouclé dit :

— C'est vous ?

Le fou répond :

— Toi ? Que veux-tu, le Bouclé ?

— Je suis venu vous remettre ça de la part de Jubiau, le charretier-guitariste.

— C'est quoi ?

Le fou reçoit le paquet. C'est deux bouteilles de vin de contrebande.

— Merci.

— Alors, c'est vous ?

— C'est moi.

— Laissez-moi vous regarder. Les hors-la-voie je les regarde. Celui qui ne m'a pas craint, je le regarde, c'est vous.

Il promène l'œil sur la cabane et les haillons de ce solitaire.

— Ça suffit, le Bouclé, va-t'en.

L'autre ne bouge pas. Il a un petit sourire de défi et de curiosité sur le fou.

— Tu m'as bien vu. Maintenant pars.

— Non. Tant pis.

Il crache et sort une cigarette.

— Ne me force pas à décrocher le fusil, parce que je m'en servirai, moi.

L'autre part, blême.

— Reviens.

Il revient.

Du vin est versé dans deux gobelets de granit.

— Assieds-toi. Alors ?

— Alors, rien.

— Si c'est rien, salut.

— C'est quelque chose.

Le Bouclé a son sourire angélique.

— Je crois que vous pouvez faire des choses assez extraordinaires. Faites-moi pleurer.

— Qu'est-ce que tu me demandes ?

— J'aimerais pleurer. Il me semble que ça me soulagerait.

— Pourquoi pleurer ?

— Hier j'ai demandé la même chose à un paysan et c'est lui qui a pleuré parce qu'on s'est battu et je suis le plus fort. Je suis toujours le plus fort. Je croirai en celui qui me fera pleurer.

— Fais-tu l'enfant terrible ou l'es-tu réellement ?

— Vous, faites-moi pleurer. On m'a renvoyé d'un collège à l'autre sans réussir; d'un parent à l'autre sans réussir. La nuit, je tire du fusil pour effrayer les gens, le dimanche je sers la messe. J'ai voulu aller à la guerre. Là, je vais partir à bord d'un bateau pour voir la mer, la vraie, celle dans laquelle on peut se noyer sans que personne le sache jamais. Je voudrais changer l'île en cimetière.

— Tes parents, toi, le Bouclé ?

— Connais pas.

— Ils vivent ?

— Séparés.

— Qui t'élève ?

— Un barbier. Et quand il n'est pas là, je tourne tout à l'envers dans le salon.

— Tu n'aimes personne ?

— Personne. Et ça va bien ainsi.

— Si tu veux pleurer, il faut que ça vienne de quelqu'un que tu aimes. Comme tu n'aimes personne, tu ne pleureras jamais, à moins... l'homme de la guitare, lui ?

— Quand j'étais petit, je l'admirais, mais depuis que j'ai vieilli...

— Je te décevrai aussi. Tout le monde est décevant. Toi, tu es décevant.

— Vous pensez ?

Le fou boit et se lève.

— J'allais à la chaîne de Roches sur la fin du baissant.

— Amenez-moi.

Ils sautent dans la barge à Salisse et le fou rame, sans parler. A la chaîne de Roches, qui est dépassé le chenail, le fou ancre près d'un caillou. Il y a des milliers de gros cailloux gluants et lisses à cet endroit, seuls comme des monstres morts, en plein milieu de la rivière. Le fou monte sur un caillou, s'étend en disant :

— Je vais travailler. Dans une heure c'est le montant. Nous retournerons.

Le fou se couche sur son coude et dort.

Le Bouclé est seul dans la barge. Lui remonte son idée, déjà caressée la nuit en lisant des livres à la chandelle au sortir de ses querelles avec son ivrogne de père : tuer un homme; une promesse aussi qu'il a faite à la femme des Abîmes. S'il partait, laissant le fou sur les cailloux...

Il joue avec les rames, il donne un petit coup à gauche, à droite, mais ne part pas. Il y a une

bouée rouge, tout près, couchée, à cause du courant. Le Bouclé attend et regarde. Il enlève la
chemise et donne son corps au soleil. Personne,
personne ne saurait. Quelques goélands enten-
draient des cris et s'en iraient. La barge trépigne
comme si elle se doutait, mais voilà, c'est difficile.
Il pense : « Je suis un lâche. Non, je le fais. »
Il va pour partir, son cœur se refroidit. Il revient
et ne bouge plus. La marée est là. Le fou se
réveille. L'heure est passée. Il saute dans la barge
et tire l'ancre. Le courant est tourné. La bouée
aussi. C'est le montant. Les roches disparaissent
submergées. Le fou rame sans parler comme lui
a montré Salisse, en regardant le Bouclé assis en
face de lui. Rendus dans les roseaux, ils descendent. Le fou dit :

— Pourquoi tu ne l'as pas fait ?

— Quoi donc ?

— Me noyer.

— J'y ai pensé.

— Adieu.

— Vous me méprisez ?

— Un peu. Je te croyais l'héroïsme pour les
choses insensées, belles ou laides. Comme beaucoup d'autres que j'ai rencontrés, tu es un petit
agneau à crinière de lion. Je ne te connais pas

et je ne sais pas quoi te dire, tu voudrais escalader les hautes montagnes en te brisant les ongles, tu voudrais que tes genoux saignent, tu voudrais être flèche d'archer, tu voudrais être une puissance comme une pensée éternelle, tu voudrais...

Un temps. Un long temps.

— ... Mais pour cela, il faut que tu aimes quelqu'un et que tu te laisses aimer. Il faut que tu aimes quelque chose, que tu te laisses toucher par quelque chose. Il ne faut pas mépriser l'existence et cracher dessus, elle te renvoie tout au visage. Penche-toi, le Bouclé, porte, charge-toi de quelque chose. Tu n'as pas vingt ans et ton dos est libre, ton cœur est vide, ta tête est comme un trou. Si tu te dégoûtes au point de ne rien essayer, disparais; mais si tu te respectes, offre-toi, engage-toi, donne-toi.

Un grand silence. Ça n'en prenait pas tant. Le Bouclé pleure. Le fou le reçoit sur sa poitrine et joue avec ses boucles.

— Va, le Bouclé. Tu es venu t'offrir pour le coup de feu, pour le danger, pour la mort, tu n'es pas prêt. Tu devrais t'en aller quelque temps. Ta place n'est pas sur l'île. Ta mère.

— C'est une folle.

— Si son fils lui revenait...

— Cette chose qui vole, qu'est-ce que c'est, Monsieur ?

— Notre raison de vivre à nous.

— Oui.

Et Le Bouclé s'en va, de biais, entre les cailloux avec son corps comme celui d'une panthère.

# XI

— J'étais ancré à la chaîne de Roches. D'abord, je n'ai rien entendu. Après j'ai entendu. Le son ne faisait même pas de rides sur l'eau, tant c'était doux.

— Des voix d'enfants ?

— Des voix d'hommes surtout. C'était peut-être à l'église, peut-être que non.

— Et pourquoi tu penses que ça chantait ?

— A cause d'un nouveau-né, à cause d'une noce, je ne sais pas. Peut-être à cause de la chose qui aurait été trouvée par là.

— Le troisième village, c'est très loin.

— C'est de là que venaient les voix.

Salisse a dit ce qu'il avait à dire. Il se tait maintenant et tourne le fusil dans ses mains. Le fou pousse un grand soupir et marche de long en large dans sa cabane.

— C'est très loin, commence-t-il. Hier, je suis allé au deuxième et j'ai vu l'homme de la guitare.

— Puis ?

— Puis, je crois que je le déteste comme tous les autres.

— Et lui, que pense-t-il de toi ?

— La même chose.

A la lueur du fanal accroché dans la porte, se balance une talle de minces plantes parmi les roseaux. Elles ont les feuilles longues comme des voiles. Des prêtresses en prière.

— Il faudrait tout brûler, dit le fou. Tout. Et recommencer à neuf.

Salisse connaît bien cette idée du fou. Quand il l'a rencontré le premier soir en revenant du large, assis sur un caillou, mort comme un caillou, c'était visible qu'il voulait brûler son passé. Salisse lui avait donné sa cabane et l'autre s'y était tassé comme un vieux cheval dans un trou. Le fou avait l'instruction et Salisse la santé. C'est toujours une de ces deux choses qui manque. Et sans se le dire, les deux hommes résolurent de mettre en commun leur bagage. Voilà que petit à petit, de cette combinaison sortait l'équilibre. L'un apportait les images crues, l'autre faisait le triage et une pensée naissait. Par-dessus le cauchemar du fou, Salisse déversait la logique du gros bon sens, ramassé dans les champs, dans sa pêche. Cette cabane avait une âme. Mais le fou refusait d'aller plus loin que la batture. Et c'est là que Salisse eut l'idée de fabriquer la chose qui vole et qui se perd et qu'il faut chercher parce que dessus est écrite la formule sans prix. Que les hommes oublient.

Sur un dos de calendrier qui traîne sur la table, Salisse lit ces vers :

*Dans ma tête les mouches se sont creusé des trous*
*le long de mon écorce circulent des chenilles,*
*Au milieu de mon cœur des vers jaunes four-*
*[millent*
*et des bêtes la nuit me tiennent par le cou.*

Il les relit une deuxième fois et comprend que celui qui les a écrits court comme un loup après une paix qu'il n'a pas.

— C'est gai, dit Salisse.

— Oui.

Le fou marche comme un loup en cage. Dehors, c'est la lune comme une veilleuse pendue au bord de la nuit. Salisse est plongé dans ses réflexions.

Il attend. Les deux hommes attendent quoi ? Le
signal, la détonation qui éventrera la nue, afin
qu'arrive ce qui est au bout de l'attente, afin qu'il
n'y ait plus d'attente, plus de désir, mais possession de la chose qui arrive après l'attente. Plus
que posséder une femme, parce qu'après c'est à
recommencer. Soudain, le fou cesse de marcher
et applique sa main sur l'épaule du pêcheur.

— J'entends, fait Salisse, qui cesse de faire
bouger le fusil.

Des pas grincent dehors.

— Qui ? demande le fou.

Cloc, cloc, hue han, de l'eau plein ses souliers,
voyant mal les cailloux, trébuchant, titubant, trot-
tine le petit homme, sa guitare sous le bras. « Hou
itlou ! » Il crie, les yeux sur le fanal et continue
sa course dans les roseaux mouillés. Il arrive
crotté, transi, pâmé, demande à entrer d'une voix
claironnante, dépose sa guitare sur la table près
du pain et s'écrase par terre sans politesse aucune,
enlève ses bottines et colle contre le feu son pied
bot qui fume.

Le fou est dégoûté. Salisse est amusé et
demande au charretier s'il le reconnaît.

— Bien sûr que je te reconnais, pêcheur d'anguilles, et tu me reconnais parce que je ressemble

à une anguille. Mais l'anguille, plus tu la serres, plus elle a chance de s'échapper, ainsi de moi que vous voyez; c'est parce qu'on m'a bien écrasé que je suis un homme libre.

Et il se frappe dans les mains en riant.

— Je connais aussi monsieur, qui m'a fait, hier, l'honneur d'une visite.

Longuement, il regarde le fou.

— J'ai promis de venir, je viens.

— Le Bouclé vous a précédé ce matin.

— Je sais.

Et ça ? demande Salisse en montrant la guitare.

— Ça c'est un coffre de poison. J'en donne à ceux que je déteste, mais il est toujours plein.

— Vous aimez les hommes ? demande le fou.

— Tout dépend, si vous êtes sérieux.

— Je le suis.

— Alors, je le serai aussi.

Jubiau, fixant la table, fait marcher les muscles de ses joues. On ne sait s'il rit ou s'il pleure.

— Ils m'ont fait mal. Mon œil. Six mois dans la nuit. Secours direct. Trois mois de refuge.

Quand j'ai repris ma place de boucher, ils m'ont dit : « Ta main tremble, va-t'en. » Trois ans de chômage, chauffé au papier journal, j'ai servi la soupe aux errants de la Saint-Vincent, j'ai vu travailler les rats dans les dompes [1] (ma distraction). J'avais femme qui faisait le lavage des planchers, fille qui fréquentait les cours d'hiver en robe de coton, et moi malade qui ramassais de quoi fumer et lire entre les bancs des gares. Et je disais à ma femme et à ma fille : « Il y a pire que nous. » « Idiot ! » « Venez voir. » Elles ont été ébranlées quand je les ai menées à la crèche un dimanche; mais elles ont été convaincues, quand à travers les colonnes de marbre, elles ont aperçu les cinq millionnaires à côté de leur piscine : l'un attendait sa femme depuis vingt ans, l'autre n'avait plus d'estomac, l'autre était en congé d'un mois de la maison de santé, l'autre, accusé de vol, sortait d'un procès, l'autre faisait une dépression : plus il donnait plus il recevait. Tout va bien. Certainement que j'aime les hommes et pourquoi ? Parce qu'ils ont besoin de moi.

Les muscles continuent de bouger. Il rit. Le fou le toise. La malchance même se fatigue à essayer de crever ces sortes d'êtres-là.

1. Terrain où l'on jette les déchets.

— Hé, guitariste, raconte donc quand tu chauffais les fournaises pour la commission des vins, la nuit.

— Non, coupe le Jubiau sérieusement, je parle trop, moi, je parle toujours. Je suis ignare et vulgaire. Je suis venu entendre parler.

Les deux hommes regardent le fou et le fou ne trouve rien à dire. Il ouvre le coffre, en sort une vieille guitare qu'il présente au charretier et dit :

— Jouez, s'il vous plaît. Ça vaudra mieux.

Le charretier a pincé une corde, puis une autre, puis toutes les cordes. On dirait une volée de clochettes, un troupeau dans la montagne. Le voilà qui siffle mieux qu'un berger. Une pastorale sort de lui. Où a-t-il appris cela ? La cabane est comme penchée au-dessus de son épaule. La guitare joue, le petit bonhomme siffle, s'emparant d'un thème d'oiseau et le lançant hors de la fenêtre, imitant la goutte d'eau qui tombe dans la cuve. Parfois il dit un mot : « perdrix », deux mots : « tué la perdrix » ; parfois c'est une phrase qui n'a rien à voir avec la perdrix : « celle que j'aime ne veut pas de moi ». Et voilà que celle qu'il aime a la main pleine de sang. Il siffle. Il parle, il pince les cordes. Salisse voit la chaîne de Roches et le soleil dans sa barque et les bars qui sautent, l'angélus sonne au loin et dit aux hommes d'être heureux dans les travaux utiles. Le fou voit se lever un rideau et déambuler ses ennemis en habit de gala. Il est au milieu d'eux et s'amuse à écouter leurs propos qui ne sont pas si bêtes. On lui offre à boire, on est doux et bon pour lui... et cesse la guitare, le siffle continue, la main de Jubiau est levée, comme pour bénir. Il coupe l'air et rompt le charme par un juron. Silence. Pour se faire pardonner son juron, il sourit et pince une corde. A voix basse, en se rapprochant avec du miel dans la voix :

— Excusez-moi, je suis heureux. Quand je suis heureux, je suis bête. Quand je suis malheureux, je suis tranquille et ne jure jamais. Maintenant, parlez-nous de la chose qui vole, Monsieur. Moi, je connais des gens, tout le monde... étant charretier. Je peux organiser une battue, faire des assemblées. Vous me direz le ton qu'il faudra tenir et dans toutes les gammes je le répéterai, parce que la chose il faut la trouver. On vous suivra. On veut suivre quelqu'un. Tous ne viendront pas, c'est entendu, mais, tenez, cet après-midi au troisième, il y avait une bataille d'hommes. Des cris, des hurles, des poings levés. Très laid. Il paraît qu'on les entendait jusque sur l'eau...

Salisse et le fou se sont regardés rapidement.

— ...personne n'arrivait à apaiser le tumulte. Un ancien a eu une idée. Il s'est emparé d'un enfant et a chassé l'émeute en promenant l'enfant dans son coude au milieu des bousculades. C'était le seul moyen. Un enfant, ça effraie la haine. Mais si cet enfant parlait de douceur, quand même il aurait les tempes grises, on l'écouterait. Douceur, n'est-ce pas ?

Puis il parle dents serrées, comme s'il préparait l'invasion d'une chose extraordinaire. Le fou arpente la cabane sur la pointe des pieds devant ce flot de paroles qui emporte tout comme un torrent. Il marche plus légèrement que d'habitude, pensant aux accords, à la chanson de tout à l'heure, comme si dans la pièce il y avait la perdrix et la jeune fille à la main pleine de sang.

— Salisse a entendu les voix de la chaîne de Roches, il croyait que c'était des chansons.

Jubiau dit :

— Non. Ce n'était pas des chansons, Salisse. C'était les deux frères Traille qui se disputaient le bien de l'aîné mort la semaine dernière. C'est les belles-sœurs qui ont mis le feu aux poudres. Riches à craquer, des troupeaux plein les prairies et plein les greniers de sarrasin et de blé, ils se sont disputé le bien du mort comme des corbeaux, voiles de deuil dans le visage ! Gosiers comme des puits, ambitions d'affamés qui mangent leur frère.

— Les rats font cela. Le rat mange son frère qui est pris au piège. Je croyais que les rats seulement...

— Non, il faut une battue pour la propreté.

— Ecoutez, Monsieur.

— Jubiau, qu'il faut dire, corrige le guitariste. Ceux pour qui je chante doivent me tutoyer et me rudoyer.

— Ecoute, guitariste, recommence le fou, si la battue vous faisait perdre du temps et si la recherche de la chose changeait la vie de l'île ?

— Puisqu'elle n'est pas bien, la vie comme elle est, il faut la changer. *Vous* la changerez.

— Et cela finira comment ? Par un grand feu de paille un soir de dimanche sur la plus haute marche où c'est le quatrième village, afin que ceux de la côte inconnue assistent à la fête ? Et le lendemain ce sera le retour aux coups de poing dans les portes. Ma crainte n'est pas qu'on me lance dans la chute, mais de me tromper. Quand on ne peut plus endurer, doit-on subir ? Et quand on ne peut plus subir, doit-on s'isoler et attendre ?

Le petit homme a posé sa guitare dans sa boîte et dit avec un sourire déçu :

— J'étais venu écouter un maître et c'est un apprenti que je rencontre. Si je trouvais la chose qui vole quand je regarde la nuit chez moi, je la prends et je la brise avec ma main derrière mon dos, et je continue de regarder la nuit ? Valait pas la peine de venir me demander si je l'avais trouvée, puisque vous qui l'avez lancée, vous ne la cherchez plus.

— Me voici au bas, au commencement, dans les fonds, sur le plein, comme un nouveau-né, ayant brûlé derrière moi amitié, argent, succès, science. C'est inutile, vous êtes venu pour rien.

Il ne sait plus ce qu'il dit. Il s'est tu. La lueur du fanal vacille. Dans la tringle de la porte, une mouche bourdonne, on dirait un homme qui se lamente.

— Je vais vous raconter une histoire.

Le fou commence :

— Vous connaissez, du poète Tagore, le pauvre qui attend la visite du roi demain ? Il a une longue liste de choses à lui demander. Le roi passe et demande au pauvre : « Et toi, qu'as-tu à me donner ? »

Jubiau a pris sa guitare et fait une petite maison, la route, une fenêtre, avec des accords de guitare, on voit le pauvre qui se prépare à la visite du roi... dans ce décor, est le fou qui raconte :

*— Au ruisseau me suis baigné*
*comme font tous les bohémiens,*
*fleuri mon coin de rocher*
*car le roi va venir demain.*
*Je lui demanderai qu'il me donne*
*une femme, une maison,*
*peut-être un violon,*
*une chèvre et du pain.*
*Me tiendrai au bord du chemin*
*chapeau à la main,*
*m'inclinerai dès que j'entendrai*
*le pas de ses chevaux.*
*Le roi est venu hier*
*à l'aube et j'étais derrière.*
*Pas dormi de la nuit*
*ému, tremblant et ravi.*
*Six bêtes blanches tiraient son carrosse lourd*

*et couvert de soleil et de laquais*
*et de velours.*

*Des grelots au cou des chevaux*
*sortaient des oiseaux;*
*quatre dames portant pierreries*
*près de lui assises.*

*Bonjour mon ami d'ici,*
*salut, tu es mon ami,*
*si tu m'aimes comme tu le dis*
*alors, qu'as-tu à m'offrir ?*
*Moi qui croyais si dur*
*que le sable, le mur*
*en or seraient changés,*
*je lui ai donné ma pauvreté.*
*Au galop il est reparti*
*heureux, souriant,*
*il laisse un homme derrière lui*
*plus riche qu'avant.*

— Venez voir.

Tous les trois sortent de la cabane en silence
et écoutent le vent qui galope. C'est plein d'étoiles
dans le ciel. Les hommes regardent plus loin que
les étoiles. Jubiau est heureux, Salisse plein de
respect. Ils ressemblent à trois ouvriers qui

viennent de poser les plans d'un travail gigan-
tesque, comme par exemple celui d'un pont
au-dessus de la mer. Le fou dit :

— Le maître nous voit : et nous le voyons.

Hou itlou ! Le petit homme a empoigné sa guitare et hop, hue, han, dans le limon, après avoir
tapé l'épaule du fou, il part, rapide comme un
pétrel. Il s'est évanoui dans les ténèbres.

— Chut... fait Salisse qui prête l'oreille.

Et là-bas, derrière les cailloux qui ont le gros
bout au large, monte la voix du guitariste... une
perdrix, deux perdrix, le sang, la belle qui ne veut
pas de lui, et le roi qui s'en vient dans son char.

Salisse dit, heureux :

— Dans le moment, il te suit et il peut aller
loin, sa corde est longue, c'est un homme libre.

Il s'en va à son tour. Le fou souffle le fanal
et s'étire bras au ciel, soulagé du poids de beaucoup de nuits.

« Soulagé du poids de beaucoup de nuits »...
Il y a inondation de soleil sur les battures. Le fou
sort de la cabane, en faisant les gestes d'un

homme à la nage. Il boit la lumière comme si elle était dans une coupe.

Recueillis sont les villages. Lisse est la mer. Les goélands, striés d'or, filent comme des flèches vers les cathédrales aériennes. Multitudes en extase, ainsi les roseaux couleur de rouille.

Comme un professeur prépare un cours, le fou avec les images qu'il a sous les yeux, veut résumer sa pensée sur ici-bas.

D'un geste il ramasse une poignée de limon. Il l'écrase dans sa main :

— Ça, c'est l'homme.

Puis il lance la vase par terre, pile dessus, l'enfouit sous sa semelle. Doucement, il soulève sa semelle, s'assoit et observe. De la poignée de limon sort une fleur timide, toute grêle et gracile. Elle s'ouvre, elle est bleue, pleine de musique, puis elle se défait, se fane, perd sa corolle, moisit et meurt.

— Voilà la chose qui vole.

Pour sûr qu'il n'y a pas de fleurs dans les battures, mais un cerveau de fou qui prépare le plan d'amour, fait pousser les fleurs sur les cailloux et entend des musiques dans les corolles.

Il rentre dans sa cabane et souhaiterait avoir des couleurs pour peindre des tableaux. Il ne sait pas la peinture, mais il barbouillerait l'écorce de tons violents, ferait une échelle qui va plus haut que les mots... au sommet de laquelle peut-être il verrait par-dessus le mur qui sépare du néant ce qui est défendu et impossible à voir.

Le voilà debout sur son grabat, le pied en l'air, mains au ciel, buste renversé qui regarde son ombre sur le plancher. Il danse, il fait des pas, des glissades, des mimes, des bonds comme s'il voulait sortir de son corps. Sur le plancher passe un ivrogne, suivi d'un prêtre, suivi d'un politicien, suivi d'un matelot, suivi d'un bossu, d'un malade, d'un jongleur, d'un fantôme et de lui, le fou. Mille hommes avec leurs désirs et leurs boulets et leurs essors et leurs saletés et leurs cris sont en lui. Il les possède tous et chacun veut la délivrance. Le fou tourne une grande culbute sur son grabat et ne bouge plus. Pendant l'extase des roseaux, il pleure en silence, comme le Bouclé, comme un enfant qui est tombé de haut et s'est fait mal et ne veut pas le dire.

— Microbe, orgueil, rêves orgueilleux !

Il dénoue un de ses souliers et tout en pleurant, la joue sur le fer de son lit, il se frappe la poitrine, fait des mea culpa avec le soulier. Il écrase son corps et lui dit :

— C'est toi qui m'empêches, cale donc dans la vase au plus tôt... que sorte la fleur bleue pleine de musique !

Il pleure, bras pendants, soulier sur le cœur.

La mer est immobile comme un plancher de vitre. On dirait dans ce matin qui ressemble au premier du monde, que va venir l'ami tant attendu, l'ami qui sait tout, qui voit tout, qui peut tout, suivi d'anges aux cheveux longs et d'anciens fous devenus princes.

# XII

— Moi, je ne suis qu'un forgeron.

— Et moi, qu'est-ce que je suis ? Attends, laisse-moi voir, après je te dirai.

Le fou est dans la forge. Il en fait le tour et touche les outils, les déplace comme si ce toucher lui faisait du bien. Il colle son flanc sur une roue de fer, soulève des madriers, il cherche.

— As-tu bien regardé ici, forgeron ?

— Oui.

— Et tu ne l'as pas vue ?

— Non.

Bérêt le suit du regard, humilié, gêné, sa petite boutique est crochue, branlante, sent le crottin. Le fou revient et commence :

— Il faut regarder partout.

— Mais ici c'est impossible.

— Pourquoi ?

— Parce que ce n'est pas propre.

— Forgeron, dis-moi, les perles, où les trouve-
t-on ? Tu devrais aimer ton métier.

Bérêt est accablé. Il écoute.

— Un homme entre et te dit : « Ferre mon
cheval. » Tu réponds : « Attache-le là » et
l'homme t'obéit. Tu approches tes outils du cheval et tu lui dis : « Donne ta patte. » Il t'obéit.
Avec le couteau croche et tranchant, tu fouilles
le sabot du cheval, enlèves la corne, tailles, fais
chauffer le fer, l'ajustes au pied de la bête, cognes
des clous, enlèves le piquant des clous, limes avec
la grosse lime, passes un coup de pinceau sur
le sabot et tu dis à l'homme : « Va-t'en avec ton
cheval. » Et il t'obéit et il est content de t'obéir.

Ce que tu dis est loi. Ordinairement l'obéissance
se pratique à reculons. Toi, tu fais qu'on t'obéit
par en avant. C'est une grande chose. Au bout
de cela il n'y a pas de sang. C'est l'ordre et
l'ordre est nécessaire et ne change pas. Tu es le
maître de tes heures. Quand il te plaît de relever
le tablier et de venir tirer une touche [1], un pied

---

1. Fumer une bouffée ou deux.

dans la rue, qui peut t'en empêcher ? Les veilles
de moisson ou de hautes mers, tu ne montes pas
là-haut pour dîner, tu mords le pain blanc, ici,
avec tes mains noires, librement, et tu vas d'un
cheval à l'autre, ta forge est remplie de chevaux
qui attendent leur tour d'essayer la chaussure.
Dans les grandes boutiques il y a des esclaves,
dans les petites, il y a des rois. J'ai fréquenté les
grandes boutiques et me voilà dans la tienne, cherchant ce que je n'ai pas trouvé chez les seigneurs.
Ici, je parle. D'où je viens, là-bas, on ne parle
pas. On se méfie, on se guette. Sous les rares
paroles qui sortent des bouches, c'est plein d'hameçons. Ici je parle. J'ai laissé les fonds, je te
parle assis dans ta forge. C'est beaucoup pour
moi. La chose qui vole est peut-être ici. Je te
regarde derrière ton feu et je me dis : « Si cet
homme voulait, il fabriquerait un engin qui ferait
sauter l'île, il fabriquerait une machine qui bles-
serait la lune. Mais mieux, tu chausses le cheval,
parce qu'un cheval doit être chaussé et tu dis :
« Va travailler dans les champs, cheval. » Apai-
sante est la rencontre d'un homme dans sa boutique aux vieilles portes, au vieux cadenas. Tu
n'es pas comme ton voisin. Ton voisin c'est autre
chose. Toi, c'est forgeron. Il n'y en a qu'un et

c'est toi. Ici, pas de rues en série, de maisons en série, d'opinions en série, d'hommes en série. Tu te fous du journal et de la guerre et du financier qui demain sera sur la paille et des parasites qui notent des adresses, parce que toi, on a besoin de toi. Forge le fer, forgeron. Je t'envie. Mais écoute un peu. On te dit : « Fais-moi une chaîne. » Tu prends le fer, tu le découpes, tu le plies en œillets, tu le soudes, les mailles se suivent, tu les vois, la chaîne tombe par terre, elle est finie, elle est pesante, elle est de toi. Moi, la chaîne que j'ai à faire est invisible. Je soude mal une idée dans l'autre, j'égare des mailles, je mets ma chaîne à l'épreuve et elle casse. Il y a du sable dans mon acier et mon feu est froid.

Un long silence.

— Salisse m'a dit que vos œillets sont des hommes, c'est plus dur à plier que le fer.

— C'est vrai, Bérêt. Et puis, on ne devrait pas déranger les hommes, la vie. Pourquoi la révolte, la lutte, un système ? Parce que la moitié du monde n'a rien à donner, n'a rien à échanger. Ceux qui ont ne donnent pas. Il en fut toujours ainsi. Mais quand même, je voulais te dire que tu me donnes le goût de me ranger du côté de ceux qui donnent. Maintenant, je te laisse travailler. Excuse-moi, j'entre dans ta forge, je te tutoie et je te salue...

— Je vous attendais. Salisse m'a dit : « il viendra un jour ou l'autre ».

— Et si j'ai retardé, c'est que je n'étais pas maître de moi, c'est que je voulais avoir toute ma tête, parce que quand on parle à un forgeron il faut avoir sa tête lucide comme un ruisselet. Si tu veux venir dans les fonds, viens. Nous serons cinq avec toi et l'enfant à plume blanche, s'il veut venir. Moi, j'ai des idées tumultueuses, imprécises et folles. Vous autres, vous avez le feu et l'enclume pour les purifier et en forger des objets utiles. Et un bon jour, forgeron, après un lourd coup de marteau sur une idée têtue et dure, tombera à nos pieds, comme une amande, comme un noyau, la chose que j'ai perdue et qui fait que je marche avec, au fond de la gorge, un violent goût d'enfance, de pureté et de travail.

Il regarde au fond de la noire boutique et dit :

— Faudra bien fouiller ce coin, elle est peut-être là. Salut.

Le fou est parti. Bérêt croit rêver. Sans bouger les talons, il fait le tour de sa vieille forge avec ses yeux. La poussière lui paraît de l'or, ses sueurs, des diamants. Il s'attaque à quelque chose de lourd, de têtu. Et le soir, une chaîne longue et belle, aux mailles soudées comme des poignées de main, était terminée, et le merveilleux c'est que la chose qui vole n'était pas dans le fer.

# XIII

Henriot, le petit gars à lunettes, est assis dans le foin. Tout à l'heure il lançait des cailloux dans l'étang. Il voudrait bien revoir l'homme à qui il a remis le foin d'odeur. Sur la route, devant lui, passe le cheval blanc du voisin, sans bride, ni harnais. Il va au pas, à droite, en secouant la queue tel un gros jouet pour enfant. Si Henriot s'écoutait, il bondirait sur la croupe du cheval blanc et ventre à terre dans les fonds... puisque Bérêt le forgeron, ce matin, à la forge, lui a dit que l'homme l'acceptait et aurait besoin de lui.

— Moi, je la trouverai la chose perdue.

Et Bérêt, le maigre, avait regardé l'enfant avec grande douceur.

— C'est précieux, mon Henriot.

— C'est quoi au juste ? Du papier ?

— Plus que ça.

— Je comprends.

Pour comprendre sans paroles il faut avoir vécu et Henriot comprenait sans paroles, voilà ce qui étonnait le forgeron.

L'enfant marche au bord de la côte, près de la renardière. Il se sent comme abandonné du monde. La mère-renard transporte au soleil son renardeau malade et s'en va creuser des griffes et des dents sur la planche qu'elle a commencé à gruger. D'un œil elle caresse son petit et de l'autre elle observe la liberté qui est de l'autre côté de la broche [1] où commence la savane.

L'enfant a vu souvent les renards au travail touchant la broche carreau par carreau, cherchant la porte qui ouvre sur la liberté. Ah ! s'il avait cinq ans de plus, il ferait son baluchon et dirait à son père : « Je pars, ne m'attendez pas. » Mais il est un enfant à culottes courtes, qui jamais ne monte sur les voyages de foin, qui suit de préférence, sa branche à la main, avec laquelle il fouette les pierres et recule les buissons.

L'enfant est couché, tempe sur l'herbe. Une grande odeur de foin monte des fonds où s'ébranlent les dernières charrettes. L'ombre

---

1. Fil de fer.

envahit les côtes. Le silence tombe comme de la brume. Seuls les bouleaux restent blancs et la plume qui est sur le chapeau de l'enfant.

— Henriot.

— Oui.

Les enfants blonds sont près de lui. Yose est vêtue en écuyère et tient deux grands lévriers en laisse. De la main gauche, elle cravache ses bottes avec impatience. Son chignon est tassé sous un filet qui ressemble à une toile d'araignée. Elle dit :

— Tire.

Et son frère qui porte carquois et qui a le bracelet de cuir au poignet épaule et vise et tire et manque son coup.

— Toi, Henriot, tire.

Henriot se lève. La cible est un fruit d'or qui pend dans un arbre du verger. Il tire et le fruit tombe. Ils ramassent le fruit d'or. A la course derrière les lévriers, ils traversent les ravins et vont porter ce fruit à l'homme qui est dans la cabane.

— Monsieur, nous vous apportons la chose...

Ils ouvrent la cabane qui était fermée et trouvent le fou couché par terre qui se meurt.

— Monsieur, voilà nous l'avons trouvée...

Le fou sourit, croque le fruit d'or et tout s'évanouit : l'homme, la cabane, l'île. Yose frappe Henriot sur l'épaule à coups de cravache :

— Il ne fallait pas lui donner, maintenant on ne cherchera plus...

Henriot plie l'échine, son épaule lui fait mal. Il ouvre l'œil, il est dans l'herbe près de la renardière. Son père le bat. Il dormait. Henriot n'a pas pleuré. C'est la première fois. Il sait beaucoup de choses maintenant, entre autres : garder ses larmes pour des vraies peines.



— Donc, nous sommes combien ? Lui, toi, moi, le guitariste, le Bouclé, les enfants blonds, sept, c'est pas si mal.

— Tu en oublies un, dit Bérêt le forgeron.

— Qui ? demande le pêcheur Salisse.

— Henriot, le fils à Barnabé qui porte lunettes.

— Donc huit, reprend Salisse. Toi, tu t'occupes du premier village, moi des fonds, l'homme qui joue de la guitare du deuxième et au troisième j'ai un cousin qui fabrique des charrettes-jouets avec sur le flanc écrit : charrette de l'île. Peut-être il s'occupera du troisième village.

— Et lui ?

— Lui ? Il travaille dans sa cabane. On va le consulter là. Il s'occupe de nous dire comment l'on cherche.

— Par exemple ?

— La tolérance. A mon âge, je ne savais pas trop ce que c'était.

— C'est quoi ? je l'ignore aussi.

— Accepter l'autre, les idées de l'autre, ne pas le vouer aux enfers, parce qu'il pense autrement que toi. Comprendre le voleur, la fille de vie, l'adultère, le dernier de classe, tu vois ?

— Je vois. Etre large.

— Sais-tu comme qui ?

— Non.

— Comme le Christ.

— Oh !

— Vrai. Penses-y.

— C'est bon.

— Alors, pour la réflexion, il sort de moins en moins. Les hommes viennent à lui. Un chef, tu saisis ?

Le forgeron saisit. Il pointe son marteau dans le bout de l'île qui est au levant :

— Par là, il y a les faiseurs de chaloupes, les frères Zinon qui chantent en partie à l'église, peut-être si on les mettait au courant... ils jetteraient l'œil en haut durant l'ouvrage et ainsi toute l'île chercherait, alors, impossible de ne pas trouver.

— Tu en parleras au chef ce soir.

— Moi ?

— Toi. Je viens te dire que ce soir on se réunit dans les fonds.

— Comment ça se passe ?

— Ne crains rien. On s'assoit. On se touche les coudes, on fume et c'est tout.

— Et lui, il parle ?

— Non. Personne ne parle.

— Pourquoi ?

— A cause de l'amitié qui s'effarouche d'un rien. Et quand on sort de là, on a la tête qui se lève, quand même c'est les ténèbres, en haut derrière les étoiles et on entre chacun chez soi avec le goût de bouger les montagnes et de faire de la place afin qu'il n'y ait qu'une vallée.

Le forgeron rit amicalement et dit :

— Comme te voilà, Salisse !

— Moi, c'est rien. Mais lui !

— Je sais. Il est venu hier, et vois, sans m'en rendre compte, j'ai fait le ménage dans ma forge en cherchant.

Salisse dit :

— A ce soir.

Et il saute sur la route.

A la porte, il rencontre Barnabé, le père d'Henriot.

— Qu'est-ce qu'il y a, Salisse ?

— Mais rien.

— On te voit souvent dans les hauts maintenant.

— Et puis ?

— Pour sûr que ça te regarde. Je demandais juste qu'est-ce qui se passe ?

— Rien.

— Il paraît que tu héberges un inconnu dans les fonds ?

— Et puis ?

— Ça te regarde encore, seulement un inconnu c'est un inconnu.

— C'est tout, Barnabé ?

— Salisse, comprends-moi : il y a quelques jours, j'ai rencontré un fou et j'ai mis le fouet entre lui et moi, parce qu'il demandait des choses insensées.

— J'aime les choses insensées, j'attendais les choses insensées. Je te souhaite les choses insensées.

— Te voilà bien insensé, et pourquoi ?

— Parce que les choses sensées, les choses qui sont admises et acceptées sont souvent bêtes.

— Comme quoi, par exemple ?

— Tu veux que je te dise ? Tu l'auras voulu : communier le matin et tricher aux élections l'après-midi.

— Qu'est-ce que tu dis ?

— Et j'en sais davantage : condamner au cachot le père de famille qui a volé cinquante piastres à la banque et médailler le célibataire qui a ramassé son million chez les pauvres.

— Mais d'où sors-tu ?

— Ecoute le pire : forcer l'homme à tuer l'homme qui ne lui a rien fait; ça t'en bouche un coin : c'est admis, c'est normal, sensé, mais c'est laid, le tigre ne tue pas le tigre qui ne lui a rien fait. Moi, je suis fatigué de la laideur acceptée.

— Il t'arrivera malheur, Salisse.

— Qu'il vienne. L'homme heureux est hypocrite.

— Je ne te reconnais plus.

— Ce n'est pas moi qui change, c'est toi qui veux continuer d'avoir raison. Moi, dorénavant, quand je mangerai de la vase, ce sera volontairement. Et on ne me fera plus prendre de la boue pour de la crème.

Et Salisse s'en va, rouge, essoufflé, surpris d'avoir tant parlé et surtout à Barnabé le puissant, le coléreux, l'avare en haillons, qui tient dans ses mains presque toutes les terres de l'île.

# XIV

D'abord c'est Bérêt et Henriot qui arrivent par la côte de Salisse. Henriot à la course comme un enfant qui entre en pays de vacances, Bérêt à pas lourds de forgeron, mais avec la brise des soirs heureux sur le visage. En effet, devant lui, un beau soir se vêt. Du mauve sur l'eau et du blanc et du rouge au couchant. Assis dans le vert près de sa chaloupe, Salisse natte un câble. A cheval sur la proue de la chaloupe qui danse à l'ancre, se tient le fou. De la main, il salue les arrivants.

— Je suis venu, dit Bérêt épanoui.

Il jette un œil sur Henriot :

— Lui, il m'a suivi.

— Bien.

— Bonsoir, forgeron.

— Elle est large ta mer, Salisse, dit Bérêt. Des hauts elle paraît tout étroite.

Bérêt qui n'a pas l'occasion de venir souvent dans les fonds regarde avec respect ce lieu où il se sent étranger. Cette mer qu'il a l'habitude de dominer, lui fait voir qu'il est tout petit. Il met sa main dans l'eau qui est froide et agitée.

— Tu lui donnes la main ? dit Salisse.

— Oui, fait Bérêt, je donne la main à la mer, c'est une idée.

Il presse la main de la mer. Henriot saute dans la chaloupe, se tient debout sur le dernier banc qui donne au large. Il est secoué, ses jambes plient, il tangue, il s'habitue à la respiration de la vague, il pense à la marée qui a déposé l'homme et dit en regardant le Cap Tourmente au détour là-bas comme une sentinelle :

— Si on partait.

Le fou dit :

— Il faut partir un jour ou l'autre, Henriot. Tu partiras quand moi je ne serai plus.

Les épaules de Henriot se sont redressées comme si on venait de le faire chef de bande.

— Et ton père, est-ce qu'il sait que tu es ici ?

— Oui, fait Henriot, qui ment en rougissant.

— Ne sois pas fier d'un mensonge, Henriot.

Et ces hommes et cet enfant sont venus voir si la chose ne se cacherait pas dans les huîtres, dans le fer du pont là-bas, ou dans le gosier du fou de Bassan qui vole en haut, seul, orgueilleusement. Soudain, un siffle amont la côte. C'est Jubiau, guitare sous le bras, qui s'amène dans le tuf, bouillant, trébuchant, heureux. Tous le regardent venir. Il fait le comique, il marche deux pas à reculons, deux pas de biais, deux pas en avant.

— Bonsoir, bonsoir.

Il invente des salamalecs, des courbettes, tire la langue, fait le visage bête. Salisse rit. Le fou ne rit pas.

— Souvenez-vous, quand je suis malheureux, je suis tranquille.

Sous sa guitare dans le coffre, il tire une bouteille de vin qu'il donne au fou. Le fou dit :

— Mets-la dans l'eau entre deux pierres.

— Ce matin j'ai fait boucherie pour un voisin, commence le joueur de guitare en déposant la bouteille à l'eau. Cet après-midi, je suis allé à la ville par deux fois mener des gens. J'ai failli me tuer dans la côte du pont en évitant un chat. L'avant-midi, je tue un veau qui voulait vivre et l'après-midi j'épargne un chat qui voulait se suicider. Je ne comprends pas. Et toi, Salisse, qu'est-ce que tu as fait ?

Du menton Salisse montre la chaîne de Roches.

— L'eau.

Avec son œil, Jubiau fouille la mer qui lui donne des frissons.

—Et toi, Bérêt ?

— Moi ? les chevaux, les chevaux.

— Moi, j'ai râtelé, dit Henriot qu'on ne questionne pas.

Tous les yeux se braquent sur celui qui est à cheval sur la proue et qui n'a pas parlé encore.

— Je n'ai rien fait, dit le fou, mais je vais faire quelque chose tout de suite. Je vais marcher sur les eaux.

Trois rires d'hommes ont éclaté, puis se sont tus.

— Trouver ce qui est perdu est plus difficile que de marcher sur les eaux. Suivez-moi, fait-il, sans malice.

Il les précède dans sa cabane. Il fait brun. Chacun s'installe comme il peut, sans cérémonie, en amitié; un dans la porte ouverte, l'autre près du seau d'eau, l'autre amont le mur et tous sentent une âme leur palper le visage comme une main, comme une brume. Ils n'ont qu'à fermer les doigts dans l'espace pour saisir une idée, c'en est plein. Le plancher, la table, le lit de fer, la chaise, les quelques figures qu'il y a au mur, le carreau ouvert par où on voit la ville, tout est imprégné d'un tourment réel, insaisissable, obsédant comme le visage d'une femme aimée.

Salisse pend le fanal dans la porte. On entend le vent comme une grande couleuvre en fuite dans les roseaux. Bérêt, le forgeron, sort sa pipe, la bourre et fume. Jubiau finit de raconter quelque chose à l'oreille du fou. Et Henriot, juché sur la table, regarde ces hommes l'un après l'autre, heureux d'être un homme pour un soir, heureux comme s'il était en pleine mer en traversée difficile avec le paradis en vue, dans la lunette d'approche.

Le fanal clignote.

Du fond de l'existence des hommes qui sont là et qui ont souffert surgissent doucement des décors, des situations qui leur font comprendre la pensée du fou.

Bérêt lui, croit qu'il y a de la lumière dans cette chose qu'on cherche. Parce qu'un matin, à l'aube, après la naissance de la sixième, il était descendu dans sa forge et il avait pleuré. Il avait pleuré de fatigue et de détresse. Depuis dix heures que criait sa femme en travail, depuis vingt-quatre heures qu'il courait de la forge à la voisine, de la voisine au magasin Jacques, du téléphone au chevet de sa femme, et les cinq autres mioches dont il avait pris soin et qui bêlaient comme un troupeau de chevrettes. Pendant que tout dormait là-haut, que sa femme délivrée reposait avec l'enfant sur son sein, il s'était laissé aller à la plainte de l'homme. Alors l'aube était venue se glisser dans sa forge et par terre il avait aperçu une faucille d'or. Il s'était penché pour la prendre, mais elle n'y était plus. La chose qui vole, d'après lui, c'était la gerbe d'étincelles qui éclate dans le foyer de la forge, en d'autres mots : le travail.

Le charretier Jubiau à son tour ramasse ses idées et découvre parmi ses souvenirs qu'il y a de la musique dans la chose qui vole. Est-ce parce qu'il a été longtemps cloué sur un lit d'hôpital que son oreille a l'habitude de dépouiller le moindre son ? Le lundi à l'époque de son œil dans le noir, l'infirmier roulait son lit près de la fenêtre afin de passer la vadrouille dans les coins de la chambre. Alors, lui, il se penchait à l'extérieur vers les coins de jardins mouillés et il se pâmait aux chants d'oiseaux jaunes et bleus qui chantaient dans les rosiers. Il aurait voulu prendre ces coins de jardin qui faisaient de la musique, les prendre dans sa main et les cacher sous l'oreiller, mais l'infirmier replaçait le lit et brutalement refermait la fenêtre. La chose qui vole était là, selon lui, en bas, dans les mouillures.

Et Salisse lui, en pensant à la chose que le fou a perdue, s'imagine que cette chose peut être dans l'eau. A un retour de marché, il était revenu avec sa pêche complète, avec son travail refusé. Dos à la ville dure, en plein chenail, il avait tout culbuté. A l'eau va sa gourme et son dégoût contre la mauvaise journée. Les battures s'étaient faites douces pour le recevoir. Passant dans les roseaux, il avait crié à sa femme : « Je n'ai rien vendu. » Puis, il s'était retourné et dans l'eau il avait vu virevolter tous ses poissons. Alors, il avait éclaté de rire en pensant : « Il me faut tous les reprendre. La pêche est ma raison de vivre. Mon espérance est là. »

Tels des fruits qui choient devant des bouches assoiffées, de saines pensées tombent et rassasient le cœur de ces hommes. Ils fument et pensent. La cabane est pleine de fumée.

— Dans tous les cas, venez avec quelque chose, apportez quelque chose de précieux et de rare, et peut-être que ça me mettra sur la piste. Maintenant, Henriot, va-t'en, il est assez tard. Bérêt va te reconduire jusque dans les hauts.

Le fou sort et que voit-il collé au flanc de la cabane, sous le carreau comme deux maraudeurs : les enfants blonds, gênés, pris à écouter la conversation.

— Nous n'avons pas frappé, dit Yose, parce que vous nous auriez renvoyés.

Son cœur est pris d'épouvante.

Elle tient quelque chose, comme quelque chose de précieux, sous son tablier. Le fou bondit sur elle, sur ses mains, lui tord les poignets et la force à lâcher ce qu'elle tient là. Deux pommes-fraises roulent par terre. Le fou s'excuse et dit :

— J'ai perdu la tête.

Yose :

— Mais non, je n'avais qu'à vous les donner, c'était pour vous.

Les hommes s'en vont sur la pointe des pieds. Henriot vient saluer le fou et dit :

— Je vous l'apporterai, moi.

Il s'en va avec Bérêt. Le guitariste est déjà rendu amont la côte et cause avec les rossignols de nuit. Salisse, profitant de la marée qui baisse, dit aux enfants blonds :

— Embarquez, je vais vous reconduire chez vous.

Le fou est seul sur les battures de lune avec les pommes-fraises qu'il colle à la paume de ses mains.

Il a bu seul la bouteille de vin et s'est saoulé. Pour oublier qu'il fait mal aux pauvres gens avec ses idées de fou. Pour oublier aussi qu'avec ses mains impures, il a tordu les poignets de l'enfant qui est pure.

« N'importe, la fleur éclate, le bourgeon saigne, les rivières sortent de leur lit, les animaux partent au grand galop vers les solitudes, le ciel craque et se brise et se tord... un enfant sous la pluie qui demande le nom d'une rue, un lion qui se venge en faisant carnage, à cause d'une flèche visée sur son cœur, des visages durs qui roulent carrosse avec des dedans mouillés comme des vitres sous l'orage... qui me dira pourquoi tout cela arrive-t-il... »

Evidemment, c'est un fou.

Le fou mange son pain. Seul dans sa cabane. Soudain il cesse de manger son pain. Quelqu'un est à la porte, qu'il n'a pas entendu venir, mais qu'il sait être là. Il crie :

— Entre le Bouclé.

Le loquet clenche et paraît le Bouclé avec son corps de panthère. Félin, il se plie et attend.

— Entre et assieds-toi.

Amont le mur, sous le fusil, s'assoit le Bouclé sur ses talons, ramassé comme un chat.

— Je suis à manger.

— Oui.

Le fou continue de manger. Cela donne chance à l'autre de humer à son aise les idées qui sont dans la cabane et de s'apprivoiser. Car, il n'y a rien là-dedans que des idées pêle-mêle, bonnes et mauvaises.

— La haute mer dehors. Tu l'as vue ?

— Connais pas ça.

— A la pleine lune et à la nouvelle lune, c'est la haute mer. Tous les quinze jours, quoi, la mer vient lécher ma devanture de château puis s'en va avec les débris et en laisse d'autres.

— Elle en laisse ? Quoi ?

— Un billot égaré, du varech, des cheveux de sirène, des branches limoneuses comme des dos d'anguilles, une fois un fouet avec des clous que les hommes libres emploient pour frapper les hommes attachés.

— Vous êtes heureux ici ?

Le fou fait signe que oui.

— Toi ?

— Non.

— Va en Chine, à New York, au désert ou à la baie d'Hudson, ou aux plages de Californie, si tu n'es pas décidé à vivre avec toi-même (et comme soi-même c'est un beau paquet de désordre travaillé par les passions) tu soupireras. Mais écoute où ça devient intéressant : ce soi-même quand il est dompté, on peut lui faire sauter les précipices. Qu'est-ce qui ne va pas ?

— C'est la même chose que l'autre jour.

— L'autre jour c'était quoi ? Je ne me souviens pas.

— C'était le trou dans ma vie. Je marche dans un grand trou, sans toucher le fond, ni les côtés.

— Comme un noyé ?

— Exactement.

— C'est pas banal. Alors ?

— Je voudrais que vous me disiez la raison de ce trou.

— Tu me prends pour un homme que je ne suis pas. Je ne lis pas à travers les corps, moi. Que ne vas-tu consulter les spécialistes des choses cachées ? Le trou dans ta vie... Je vais essayer, le Bouclé.

Le fou continue de manger son pain qu'il trempe dans du lait. Il commence :

— Si tu étais pêcheur, le Bouclé, tu aurais ta pêche à rentrer, un voyage à faire au marché de poissons, deux rets à remmailler, des provisions à prendre au syndicat des pêcheurs, la chaîne de Roches à surveiller pour la pêche d'automne, recalfeutrer ta barge qui coule à la proue, rebrocher ta pêche du nord qui a des trous dans le port d'avant, calculer le montant et le baissant pour te transporter, parce que tu n'as pas de moteur, faire les commissions de ta femme, corder le bois pour l'hiver et tout. Mais tu n'es pas pêcheur.

— Non.

— Si tu étais cultivateur, le Bouclé, en te levant tu dirais : « Bon, le train. Puis on déjeune, puis on fauche la prairie d'en bas, puis on rentre celle du milieu; on dételle, on dîne, on ratelle, on rentre celle d'en bas, on fauche celle du fond, on remonte pour le train, on écrème, on soigne poules et bestiaux, on soupe, on répare attelages ou menues choses, on jardine, c'est la nuit, on va sommeiller. Le lendemain on recommence. » Mais tu n'es pas cultivateur.

— Non.

— Non. Si tu étais marchand, le matin tu ouvrirais ton magasin, déballerais les caisses, servirais les clients, enregistrerais tout dans tes livres, recevrais les vendeurs, dînerais, emballerais des paquets, livraisons, commandes, téléphone; il faut que tout le monde soit content, tu es toujours poli; tu soupes, tu reviens jusqu'à la brunante, tu remplis les étalages, tu fais la caisse et tu te couches fatigué, fourbu, écœuré.

Le fou mange sans regarder le Bouclé qui écoute.

— Mais je ne suis pas marchand.

— Non.

— Ensuite ?

— Ensuite ? Rien.

— Comment rien ?

— Rien.

— Pourquoi me parler du travail du pêcheur, du laboureur et de celui du marchand ?

— Je pourrais te parler de la journée de l'acteur, de celle du politique, de la couturière, du mineur, de l'étudiant, du joueur de jazz, du camionneur, du poète.

— Enfin, pourquoi ?

— Pour la comparer avec la tienne, ta journée. Tu veux une raison du trou dans ta vie ? C'est les heures oisives.

Le Bouclé ne répond pas.

— Dis-moi, le Bouclé, qu'aimes-tu ?

— Rien.

— Voilà.

Le fou a fini de manger. Il se lève et va dehors laver sa vaisselle. Le Bouclé le suit. Le fou lave la vaisselle dans la mer qui est haute. Sa tête tournée vers le Bouclé, il lui dit soudain d'une étrange voix :

— Pourtant, pourtant...

— Quoi ?

— Des hommes comme toi si ça voulait... tu vois les cailloux ? Ça les changerait en hommes. En hommes qui te suivraient comme des chiens puissants que tu lancerais à l'assaut de la saleté. Ce qui te manque, le Bouclé, c'est le travail, du sel de sueur sur ton corps, du sel de sueur sur tes tempes, du sel dans ta pensée, et des ampoules et de la corne et de la fatigue et des maux de reins et des maux de tête. La source qui est en toi, ne l'empêche pas de couler, un jour elle sera tarie. Je ne te connais pas beaucoup, mais j'ai pensé à toi souvent. Je suis sûr que tu es l'échevelé de ton canton, le téméraire, le curieux numéro de ton quartier, l'insaisissable petit être qui épate avec des réponses mal élevées.

C'est amusant, mais ce n'est pas suffisant. Tu veux faire à part, à côté, mais tu n'es pas assez fou pour moi. Laisse-moi te dire : dans ton cerveau, dans tes idées, moi j'étoufferais. Dans ton petit orgueil de ruelle, je crèverais d'ennui. Sors, penche-toi, va, cours, sois le fou du monde si tu te sens fou, le terrible et l'invisible, mais qui travaille et qui s'obstine, et qui glorifie quelque chose. Défie des villes, attaque des citadelles, soulève des continents, défends une cause, séduis des princesses, chante à l'opéra ou fais-toi moine-ermite dans la robe de bure et récite les psaumes la nuit derrière quelque abbaye chez les aigles. Ce qui me dégoûte de toi, c'est que tu ne fais rien. Tu te crois bon et, dans peu, de plus nigauds que toi diront : « Le Bouclé traîne de l'arrière, lui qui devait nous dépasser tous, le Bouclé se répète... » Et tu ne seras plus intéressant pour personne, surtout pour toi.

Le fou est rentré dans sa cabane et a fermé la porte. Par le carreau il se montre et dit :

— Maintenant, j'ai du travail, tu m'excuses. Va réfléchir.

Avec son corps de panthère, le Bouclé est parti. Loin de la cabane, pour la deuxième fois, il a chialé dans les roseaux à cause du trou dans sa vie. Une voix et des bras le relèvent, la voix douce et les bras maigres du fou.

—Ne pleure pas, le Bouclé. Moi qui te dis tout cela, hier soir j'étais saoul. Je suis plus dégoûtant que toi. Toi et moi sommes des révoltés pas plus dangereux que des petits chiens, des oublieux, des lâches, sales poussières qui détestons les hommes parce qu'ils ne marchent pas droit, parce que leurs laideurs sont sœurs des nôtres et nous avons tant soif de ne plus voir de maladies, de canailleries, de tricheries. Ruons, le Bouclé. Bondissons avec nos fautes. Relevons-nous. Cherchons. Les dieux aux pieds agiles ne sont pas ici. Les vivants sont ailleurs. Nous serons des élus. Que rien ne nous enlise. Et un jour, là, devant, comme une porte qui s'ouvre, le débouché sera en face à quelques pas en avant. Nous n'aurons qu'à entrer et la boue restera sur le seuil. Va, le Bouclé...

—Où est-il ?

—Dans la cabane.

—Conduis-moi. J'ai à lui parler.

Et Salisse conduit Jubiau qui ne fait pas le drôle et n'a pas sa guitare. Jubiau le bouffon est droit, grave. Derrière son œil de borgne bouge une crainte qui a bien hâte de sortir et de prendre le large.

— Quelque chose de sérieux ? demande Salisse en marchant.

— D'assez, répond Jubiau.

Salisse ouvre la porte de la cabane et dit :

— Jubiau veut te parler.

Le fou salue de la main, abandonne le livre qu'il tenait et dit :

— Parle, guitariste.

Salisse recule. Par politesse il s'apprête à partir, mais Jubiau le retient.

— Reste, ça m'aidera.

Le fou acquiesce. Alors Jubiau s'étant emparé d'un couteau de table pour se donner contenance, prend la parole :

— Donc, étant charretier, je voyage de l'île aux Chutes. Des Chutes aux palais des vacanciers, passant par les bistrots, les églises, les adresses louches, les coins historiques. Je vais où

on me dit. Je dépose les « riches mon oncle »
sous les marquises de restaurants et les « p'tites
ma tante » près des comptoirs à sandwiches. Etant
charretier. Donc, ce matin, le cimetière. Des
clients qui voulaient prier. Chacun son goût. Je
vais donc au cimetière, celui qui est grand comme
une ville, qui a ses rues et ses traverses, ses
ponts, ses ronds-points, ses culs-de-sac et son hôtel
de ville au centre où s'agite un personnel de
petits hommes en noir qui louent des chambres
pour l'éternité. Vous me suivez ? L'immense ville
de cadavres qui commence au bord du Lac des
Roses et finit près des usines de sulfure. Cimetière, on sait ce que c'est. Pendant que mes clients
prient, moi, je me balade entre les monuments.
Je suis tendre et dur. Je dis « Ave Maria » et je dis
non. Je vais de la rue des riches à celle des
pauvres en suçant mon brûlot éteint. J'ai un goût
de prière et de mépris en même temps. Je me
sens en sécurité et en danger, tout cela en même
temps. Je ne peux m'empêcher de penser que
même les morts ont trouvé le moyen de se dis-
tinguer les uns des autres. Voilà pour le dégoût.

Aux morts riches il faut gazon, blason, clôtures
en chaînettes dorées, piédestal, propriété, quoi.
Le coin des pauvres en est un de locataires qui
ressemble à leur ancien quartier du temps qu'ils

avaient le souffle : petits appartements, multitudes tassées dans les lots sans distinction et qui ne sont pas privés (pas même là !), croix anonymes, noires, croches, enfin.

Le fou fait signe au charretier de sauter pardessus ces constatations personnelles. Jubiau comprend et veut se hâter, mais il s'attarde, c'est malgré lui. Il poursuit :

— Donc me voilà au bord du lac dans la rangée des pilotes et je lis distraitement sur les croix : pilote de haute mer, pilote de long cours. Et je me dis qu'eux ont bien choisi leur place. Aux époques de tempêtes, la vague vient les couvrir. Donc, je flâne et je pense à l'orgueil des hommes, cette grande misère, aux vers qui rongent, aux anges qui chantent, à l'invasion de la ville morte sur la ville vivante, patientez, j'arrive... quand j'aperçois une petite vieille qui trace des signes dans la terre avec son doigt. Je l'observe. Elle m'observe. Je la connais. C'est la Cordon, diseuse de bonne aventure, connue dans les tavernes du port, habile aux cartes et à la magie de nuit, une espèce de sorcière que la police surveille depuis l'assassinat d'un maître de poste, assassinat qu'elle avait prédit. Elle me fait signe. J'approche.

— Bonjour, la Cordon, tu grattes dans la terre ?

— ...

— Serait-ce ton mari que tu veux ressusciter ?

— Tu vieillis, bossu, tu n'es plus drôle.

Elle se lève et me dit en essuyant ses mains sur son ventre :

— Je vais te dire un secret, toi, boiteux. C'est ici qu'on la mettra.

— Qui ?

— La prochaine.

— La prochaine qui ?

— Morte.

— Vraiment ?

— Oui. Vois comme elle est petite.

Et avec l'index elle me montre dans le sable les limites d'une tombe qui sera celle d'un enfant. Je fais :

— Vraiment ? Ce sera une femme, la Cordon ?

— Une fillette. De par là.

Elle m'a montré l'Est, l'île, puisqu'il faut le dire.

Silence dans la cabane. Jubiau continue avec difficulté :

— Puis elle me regarde et regarde dans l'horizon et dans le ciel. Ses yeux sont pointus comme des clous. Elle me glisse :

— La chose qui vole fera des morts.

Un glaçon me passe sous la chemise dans le dos. Je reste figé. Je viens pour lui poser une question, elle est à cent pieds de moi, là-bas, contournant un monument de marbre sur lequel elle donne un coup de pied. Je la rejoins, elle me dit :

— Mais cherchez, ça en vaut la peine.

Puis elle s'accroupit, trace encore des formes de tombe et traînant son bâton et ses vieux jupons, elle disparaît. Voilà. Fallait que je vous raconte, hein ?

Jubiau est soulagé. Il souffle et attend. Salisse ne bouge pas. Le fou arpente la cabane en laissant la bague lui mordre la paume.

—Tu es superstitieux ?

— Non, mais...

— Il n'y aura pas de mort, guitariste. Ta vieille est folle. S'il faut commencer à laisser entrer les diseuses de bonne aventure dans notre affaire, liquidons tout. Il n'y aura pas de mort.

— Comment ?

— Ce n'est plus sur l'île qu'il faut chercher. Il n'y a rien sur l'île. C'est là-bas.

Il montre la ville de fer.

— Demain matin, Salisse me conduit aux rives publiques. J'ai idée de trouver la chose par-là. Merci, guitariste. Mais je le répète, il n'y aura pas de mort, ou s'il y en a, ce ne sera pas une fillette, ce sera un homme seul qui n'est pas marié (il regarde Salisse); qui ne joue pas de la guitare (il regarde Jubiau). Vous comprenez ? Laissez-moi. Oublie ta vieille. On peut se passer d'une chouette de malheur quand on cherche la chose qui vole bien au-dessus des vivants et des morts.

Salisse et Jubiau s'en vont, pliés comme des hommes qui creusent un puits dans le tuf et n'ont pas encore touché l'eau. Frôlant un gros caillou, ils se retournent et voient le fou qui trace tranquillement dans le limon la forme d'une tombe de sa grandeur à lui. Dans son for intérieur le guitariste pense : « Je suis plus qu'un superstitieux, je crois que je suis un incroyant. » Il n'y avait jamais pensé.

— Est-il parti ?

— Oui. Ce matin dans la brume avec Salisse.

— Pour toujours ?

— Il reviendra ce soir.

— Il est parti à la ville ?

— Oui. Et il a dit à Salisse qu'il ne s'occuperait plus de nous.

— Pourquoi ?

— A cause que nous sommes des enfants.

Les enfants et Henriot discutent. Ils se sont rencontrés entre les deux villages sur un talus, dans les hauts. Le garçon blond dit :

— Il faudrait faire quelque chose de grand qui prouverait que nous sommes des adultes. Alors on nous acceptera dans le groupe. Découcher, par exemple.

— Je découche souvent, dit Henriot.

— Où tu couches ?

— Dans l'étable avec les animaux.

— Pourquoi ?

— Pour faire changement.

— Alors, autre chose.

— Tuer, dit Yose, en coupant un fil de son chapeau de paille avec les dents.

— Tuer ?

Son frère se recule.

— Ah non, par exemple, tu deviens folle, tuer qui ?

— Je ne sais pas.

— Moi je sais ce que je vais faire, dit Henriot en se levant.

— Où en est la chose qui vole, selon toi, Henriot ?

— Elle est bien cachée. Ah, si je le savais !

— Moi je le sais, dit Yose.

— Dis-le.

— Non.

— On se rencontre demain soir dans les fonds ?

— Demain soir, dit le garçon blond. Viens, Yose.

Henriot pose ses lunettes sur ses yeux, enjambe le clos et file sur la route, sa branchette à la main. Yose a le dos tourné et fixe par terre, immobile. Sur sa jeune lèvre, la moustache de rosée.

— Qu'as-tu, Yose, viens. Qu'est-ce que tu tiens là ?

— Rien.

— Tu as mal ?

— Non. Je tiens mon cœur.

Elle ouvre ses deux mains et les montre à son frère. Il n'y a rien dedans. Hop ! Ils sont partis. Au galop tous les deux. Yose la première, en se fouettant le visage avec ses cheveux. Sous sa robe légère est vraiment pris d'épouvante son cœur tout neuf, tout chaud, tout rouge. Elle rit, elle court, elle sait où est la chose, c'est elle qui la possède. L'aile du vent la supporte, la soulève pour ne pas qu'elle bute sur les pierres. A son passage rapide, les fleurs du chemin secouent leur poussière... et glisse l'enfant, telle une biche heureuse de quelque haute colline qui a rendez-vous avec l'abîme.

# XV

— Embarque.

Le fou enjambe la barge dans laquelle Salisse vient de déposer l'ancre et les cent pieds de chaîne. Flic, flac, font les bottes du pêcheur. Il pousse le petit bateau et saute dedans quand la vague commence à le bercer. Les voilà sur le vide. Salisse rame, pipe au bec. Le fou est pâle comme un homme qui va au danger.

Par derrière le troisième village se lève le soleil, pur et brillant comme une note de cor de chasse. S'il faisait un son, les gens de l'île seraient tous sourds ce matin. Vogue la barge. Le pêcheur connaît le fond du fleuve comme le fond de ses poches. Il est sérieux. On lui a confié la mission de reconduire le fou au bord de la ville qui est au couchant. Il a conscience de faire une besogne importante. Un grand chêne se penche au-dessus de l'eau. De cet arbre, un oiseau tombe comme frappé d'un coup de feu et se relève et recommence sa culbute. Les deux hommes constatent qu'il enseigne le vol à ses petits et prouve en se laissant tomber que même l'oiseau le plus maladroit est en sécurité dans l'air. Cela donne courage au fou. Il examine l'embarcation de Salisse, ronde et fière, faite de cèdre vert, en forme d'œuf, plus exactement comme un ventre de canard. Salisse dit :

— Deux hommes ne peuvent pas la renverser.

L'homme rame toujours et les vagues à crête de soleil viennent flacoter sur le bateau. Pour distraire le fou, qui visiblement est inquiet, Salisse parle. Montrant la mer, il dit :

— Ici c'est le pont.

— Le pont ? Quel pont ? Je ne vois pas de pont.

— Le nôtre. Celui des pêcheurs et de quelques cultivateurs.

Il touche sa barge.

— Voilà le pont.

— Mais vous n'employez pas l'autre qui est là-bas ?

Salisse regarde dédaigneusement le pont qui est dans la brume là-bas et qui est en fer et qui est puissant.

— Non.

— Mais l'hiver ?

— Le pont de glace, reprend le pêcheur, ici même. C'est aussi solide et sûrement plus privé que l'autre.

Ces entêtements de vieux orgueilleux enchantent le fou. Une chanson coule, on ne sait d'où. Sur l'air de : « God save the king » une voix chante à tue-tête « Mère des cieux ». C'est un cultivateur qui fauche son regain de trèfle dans les fonds.

La barge s'éloigne des bords et soudain pique vers l'autre côté. Une grande brume traîne sur la ville qui est dans le couchant. Salisse ne parle plus. Il a enlevé la veste et rame, tête de côté. Le fou voudrait bien connaître sa route comme le pêcheur d'anguilles connaît la sienne. Il ira dans la ville par rues et tunnels, avenues et terrasses et qui sait, dans le fond d'une cour à travers les débris, la chose qui vole est peut-être là trouée d'un coup de lance. Il pense à la jeteuse de sorts du cimetière. Les voilà dépassant la bouée qui indique le milieu du chenail. Salisse est plus fort que la vague et passe la barge. Le fou regarde l'île qui s'éloigne, l'île qu'un jour il a retenue avec des câbles. Il voit distinctement et d'un coup d'ensemble les trois villages sur les marches de tuf. Vu de loin, le monde est si beau, les villages si purs et les silhouettes d'hommes et de femmes penchées sur les prairies si émouvantes et cette beauté est faite de pourriture. Qu'est-ce que la beauté ? Il se retourne et les voilà près d'un quai de bois. Le pêcheur est debout dans sa barge et godille d'une rame. On couche d'autres roseaux, on touche un autre plein. La traversée est finie.

— Franchement, seul ?

— Seul. Pour ces pèlerinages, il faut être seul.

Salisse remet au fou un petit paquet et dit :

— Donc, bon voyage. A marée haute, ce soir, ici même. C'est une femme que tu vas voir, hein ?

Le fou répond :

— A ce soir.

Et la barge recule. Salisse est debout, cabré. Il se hâte parce qu'il hait les séparations, parce qu'il n'aime pas cette grève, derrière laquelle commence la ville de fer, juste en dessous de l'autre ville qui est dans le couchant et peut-être aussi, on ne sait jamais, parce qu'il ne reverra plus son ami. Le fou n'a pas envoyé la main. Des hommes entre eux s'envoient rarement la main. Le pêcheur rame. Le nez de sa barge est sur l'île. Mêlé au soleil, tout s'évanouit. Le fou pousse un grand soupir, serre le poing et dit en fixant les tours noires qui s'élèvent :

— Si vous l'avez, vous allez la rendre !


Bérêt et Jubiau sont dans les fonds à l'heure entendue. Appuyés sur les cailloux, ils attendent. Bérêt a endossé un coupe-vent, un vieux coupe-vent de chasse qu'il n'a pas mis depuis son temps de garçon et qui lui donne la mine jeune avec la casquette à petite visière. Jubiau le charretier semble las, ahuri. La compagnie du petit forgeron sans idée, ni voyages, ni passé, l'intéresse peu. D'ailleurs, il le connaît à peine. A tout instant, pour tromper son ennui, il sort une grosse montre qu'il replace aussitôt dans sa poche.

— Haute ?

— Fine haute.

— Qu'est-ce qu'ils font ?

— Sais pas.

Le forgeron regarde la marée et y prend un grand plaisir. Le charretier regarde ses mains et ses pieds à cause que son œil n'est pas bon et que regarder au loin le fatigue. Sur la mer, il n'y a que des vagues, cinq pieds plus haut des goélands : les deux montent et descendent. Salisse ne doit pas tarder, mais sa barge qui ramènera le fou n'est pas en vue.

— Attendons.

— C'est ça, attendons.

— Quoi de neuf dans ton village, guitariste ? Ce soir, je me sens un besoin de parler et d'entendre parler. Parle-moi, guitariste.

— J'ai vu tes frères, Zinon, commence Jubiau pour faire plaisir au petit forgeron (histoire de jouer la comédie), les faiseurs de chaloupes, qui chantent en partie à l'église.

— Oui ?

— Oui. Et quand je les ai mis au courant de la chose, ils ont dit : « Bossu, fou de bossu », en se lançant des clins d'œil. J'ai dit : « Vous faites la chose facile, les Zinon, vous vous lancez des clins d'œil. »

— Vraiment ? Tu as eu la bonne réponse. Tu as toujours la bonne réponse. Ensuite ?

— Alors, l'aîné des Zinon s'est avancé et il a dit : « Jubiau, tu te prépares de jolis malheurs avec tes lubies. » J'ai dit : « Explique-toi, chaloupier. » Il a ouvert sa main large comme une rame et il a dit : « Regarde bien. » Il me montrait le dedans de sa main avec l'index : « Ça c'est le chemin, il est là, tu le vois ? Depuis toujours on le voit, il faut le suivre. On le connaît. Il va dans *cette* direction, c'est connu, c'est ainsi. Toi, avec les idées que tu cueilles dans le cerveau d'un passant, tu laisses le chemin et regarde ce qui va arriver, zoup ! » Il a laissé son doigt qui marquait la route tomber en bas de sa main : « Catastrophe, comprends ? » J'ai répondu : « Le chemin que tu me montres, Zinon, il te satisfait ? Il est plein de guerres, d'habitudes, de saletés et de haines. Nous, il ne nous satisfait pas, nous chercherons sans toi la chose qui vole. » Il a fait zoup zoup avec l'index qui chutait de sa main et je suis parti, dégoûté. Si je lui avais offert de l'argent, il serait ici ce soir.

Une grande douceur plane dans les fonds où sont appuyés les deux hommes. Une douceur qui sort de la terre et de la mer comme un chant immense et très calme.

— Jubiau.

— Oui.

Bérêt s'est approché du guitariste :

— Je veux te poser une question, mais c'est délicat.

— Va donc.

Le petit forgeron se risque :

— Dis-moi, si vraiment cet homme (il montre la cabane) nous apportait le malheur, je veux dire une tragédie, le renierais-tu ?

Jubiau fixe le forgeron comme s'il le voyait pour la première fois.

— Tragédie ? Pourquoi tu parles de tragédie ? Rien encore n'est arrivé que du bon. L'espérance c'est une belle chose. Depuis qu'on le fréquente, on l'a oui ? Moi, je suis prêt à payer cher l'espérance que cet homme m'a apportée. Même s'il y a de la tragédie au bout de la batture, je te réponds que je resterai toujours du côté de l'homme.

Jubiau a accompagné ces paroles d'un geste théâtral, d'une moue sur la lèvre et d'un éclair dans l'œil; mais la pensée est absente. Malgré lui, il joue la comédie.

— Que je voudrais répondre comme toi, dit le forgeron, en tournant la casquette à visière dans ses doigts, posséder ton assurance et ta liberté ! Si je parle de tragédie, c'est que j'ai famille, six, à part de l'adoptée ce qui fait sept, ce qui fait huit avec la femme, neuf avec la forge. Toi, tu n'as que toi, ta guitare et une vieille bagnole.

— Oui, je ne risque qu'une vieille peau moisie, c'est pas compliqué.

Les deux hommes écoutent la douceur qui glisse au-dessus de leur tête. Les feuilles se touchent de la griffe dans l'air embaumé.

— Pour venir dans les fonds ce soir, Jubiau, qu'est-ce que ça t'a coûté ? Rien. Tu es venu. C'est tout. Moi, j'ai demandé permission à la femme, j'ai embrassé mes enfants, j'ai fait le tour de la maison, j'ai jeté un œil dans la forge, j'ai fait les commissions d'épicerie, j'ai évité les voisins, j'ai volé trois heures à la vie ordinaire. Ici, ce soir, dans le moment, je vis de l'extraordinaire. Ne ris pas. C'est parce que je suis pauvre et à un pauvre il faut peu de chose pour que ce lui soit de l'extraordinaire.

— Et ça te plaît ?

Bérêt se penche. Discrètement il donne la main à la mer :

— Oui, ça me plaît, quand même je fais de la peine à ma femme, quand même je déroge à mon devoir qui est de rester là-haut, quand même le cerf-volant, on ne le trouvera jamais.

Les deux hommes hument le neuf, le bon tourment qui est dans l'air, qui donne goût de vivre et d'être propre.

— Maintenant quand les clients viennent à la forge, ce n'est plus moi qui leur pose des questions. C'est eux. Autrefois je disais : « Ça va dans les champs ? La moisson lève ? Et l'anguille, elle vient drue ? » Aujourd'hui c'est eux qui me demandent : « Bérêt, crois-tu que la moisson va être belle ? Il paraît que tu as vu la pêche de Salisse ? Parle-nous donc des côtes de tuf, c'est vrai qu'elles sont à pic comme ça ? Mais c'est sérieux que tu vas agrandir ta forge et avoir un apprenti ? » Voilà. Je prends de l'importance. Et je réponds tranquillement oui ou non. Et je dis : « Toi, Poteau, tu sacres. Ne sacre plus dans ma forge. » Et Poteau remue ses grosses épaules et reste la bouche ouverte. Et je dis : « Toi, Stanislas, tu me payeras les deux ferrages que tu me dois. » Et Stanislas fait : « Mais certainement. » Et je dis : « Mes amis, nous avons un beau village. » Et je passe un coup de pinceau sur chaque sabot de cheval. Deux couches sur le sabot du cheval pauvre. Voilà. Pendant que j'agis ainsi, la chose qui vole trotte dans ma tête de mule, on dirait que c'est elle qui me pousse à dire des choses plaisantes. Il arrive que le plus sans dessein, le plus ignorant du village veut donner son coup d'épaule à la machine, veut porter au lieu de se laisser porter.

C'est maintenant le guitariste qui voudrait que le forgeron parle encore. Il dit :

— Bien parlé, Bérêt. Si la chose t'apporte tout cela de beau et de neuf, pourquoi crains-tu la tragédie ?

— Voilà, justement, où je voulais en venir. Jubiau, écoute-moi bien, regarde-moi bien. Si la tragédie venait je crois que je serais lâche, que je retournerais dans ma forge et je m'y embarrerais comme avant, dans ma sécurité malpropre, avec la poussière et les araignées et la vieille puanteur et je dirais : « Laissez-moi, ne m'interrogez pas, je ne connais rien de cet homme, je ne l'ai jamais vu. » Je crois que je serais lâche, et je ne voudrais pas être un lâche. Je voudrais que toi et Salisse m'empêchiez d'être lâche si ça me

prenait; quand le moment sera venu de dire :
« J'étais là, prenez-moi aussi. » Voilà ce que je
voulais te dire, guitariste.

— Nous serons avec toi, forgeron, dit Jubiau,
qui s'est approché, surpris; bien sûr que nous
serons là, mon vieux.

Ce « mon vieux » fait grand plaisir à Bérêt
qui reste là, incliné, tout maigre et tout gêné.
Jubiau ajoute, d'une voix émue :

— C'est peut-être nous qui aurons besoin de
toi, forgeron, mais il n'y aura pas de tragédie,
il ne faut pas parler de tragédie, parce que si ça
finit en tragédie, c'est pas gai. Je n'aime pas la
tragédie.

— Moi je dis qu'il faut en parler.

Jubiau pâlit de la même façon que lorsque la
tireuse de sort lui avait dit : « La chose fera des
morts » et il attend que Bérêt explique sa crainte.
Mais Bérêt, penché, souriant, donne à lécher ses
deux mains à la mer.

— C'est quand même bon de vivre en cherchant. Je vais m'habituer, guitariste, et je n'ai
qu'un souhait : ne pas vous faire défaut.

Un temps.

— Tu me penses bien nigaud ?

— Non. Un homme. Je te pense un homme, mais qui prend trop les choses au sérieux. Il ne faut rien prendre au sérieux, forgeron. Il n'y a rien de sérieux.

— C'est faux, guitariste.

Jubiau regarde le forgeron et dit en riant :

— Laissons cela. Il faut se foutre de tout. Ne parlons plus. J'ai envie de jouer de la guitare.

Le vent se repose dans les arbres de la coulée. Tout est silence.

— Hoo, hoo !

Qui a crié ? Quelqu'un a crié. C'est un cri de salutation. De derrière la cabane débouche Henriot. Paraît Henriot, pâle, fier, vêtements souillés, ses bottes sont pleines d'eau. Il a pris le raccourci du grand fossé pour arriver plus vite à la cabane. Il porte un colis sous le bras et un défi à la lèvre.

— Salut les hommes. Le chef n'est pas là ? J'ai quelque chose à lui montrer.

— Il n'est pas là, répond le guitariste, nous l'attendons.

Henriot avance vers le forgeron.

— Bonsoir, forgeron. Il paraît que nous sommes des enfants ? Que vous ne voulez plus de nous ? Regardez un peu cela, vous les hommes.

Il pose son colis dans les bras du forgeron.

— Vous pouvez l'ouvrir.

— Qu'est-ce que c'est ?

— Regardez.

— C'est lourd.

— Oui.

— D'où ça vient ?

— De chez nous.

— Et toi d'où tu sors, crotté comme un fossoyeur ? La plume de ton chapeau est toute froissée.

— Elle est en bataille. C'est un soir de bataille, vous allez voir.

Bérêt agite le colis près de son oreille. Il entend un bruit d'écus. Jubiau s'est approché curieusement et demande :

— Est-ce que c'est...

— La chose ? Non, répond Henriot. Ouvrez-le.

Bérêt, brise les ficelles, déchire plusieurs épais-
seurs de papier journal. Au milieu c'est une boîte
de fer remplie d'écus, de chèques, de lettres portant le sceau du gouvernement, de papiers précieux, d'actes notariés concernant les terres du
père d'Henriot et celles des voisins. Bérêt a remis
la boîte sur un caillou et dit, autoritaire :

— Raconte, Henriot.

— Tout à l'heure dans le bureau de papa, pendant que la maisonnée dormait, j'ai tourné la clef
du coffre-fort et j'ai pris cela, les papiers de
famille.

— Pourquoi ?

— Pour prouver au chef que je suis un homme,
puisque j'ai fait une chose dangereuse.

— Tu vas rapporter cela immédiatement à ton
père, petit.

— Il vient le chercher lui-même. Regardez que
je suis un homme.

Ils ne l'ont pas vu venir, mais le père d'Henriot
dans trois enjambées est derrière son fils, l'em-
poigne par le collet, le pose sur son dos, fourre
la boîte précieuse dans sa large poche de blouse
paysanne et :

—Je mets la police au courant, vous autres bande de voleurs, votre fou qui veut rendre nos fils comme lui aura de mes nouvelles, voleurs, voleurs...

Battant son garçon à grands coups de poing et de pied, il s'éloigne en vent furieux, tel que venu. Henriot se laisse emporter sans se débattre, plié sous les coups, comme un jeune tigre qui a montré qu'il pouvait être terrible et maintenant accepte sa punition. Il crie :

—Vous raconterez cela à Yose.

Bérêt et Jubiau se regardent longuement avec difficulté.

—Si ça devient sérieux, moi je m'en vais, dit le guitariste. Et avec lui, ça va être sérieux.

La noirceur descend sur la mer. L'heure passe. La sérénité de tout à l'heure fait place à des frissons d'épouvante. Le vent s'élève, se donnant un petit élan sur les branches.

—Et la barge n'est pas en vue ! Qu'est-ce qu'ils font, eux ?

—Sais pas.

—Et lui qui parle de police maintenant, grommelle Jubiau. Ça va bien.

—Sûr qu'il y aura la police, répond Bérêt. Moi, je prétends qu'il faut parler de tragédie.

Le guitariste est nerveux.

—On ne peut plus s'amuser. Qu'est-ce qu'on a besoin d'enfants dans notre affaire aussi ? Je n'aurais pas dû me mêler de ça.

—C'est peut-être les enfants qui vont tout trouver, c'est peut-être eux qui ont ce que nous cherchons. Ce petit Henriot à la plume blanche est quelqu'un. Le printemps dernier, monsieur le maire lui a remis une médaille de bronze à cause qu'il a sauvé un cheval pris dans les glaces. Le pont avait cédé. Henriot avait monté le cheval pour lui passer une corde au cou. Les hommes avaient étouffé la bête et l'avaient sortie de l'eau comme si c'eût été un ballon. Henriot avait joué sa vie.

Jubiau est dégoûté. Il voudrait se voir loin de là, chez lui au deuxième village, dans sa cour, comme autrefois, au milieu de ses amis, leur racontant des histoires drôles. Il a froid.

—Ecoute.

Des rames font flic flac dans l'eau.

—C'est lui.

— C'est toi, Salisse ?

— C'est moi.

— Pas trop tôt.

On voit le nez de la barge à travers la brume.
On entend l'ancre qui est jetée et des pas dans
l'eau avec le fanal qui vient de s'allumer. Un
temps.

— Seul ?

— Oui. Je suis seul.

Salisse est là, seul, fatigué, dos rond d'avoir
tant ramé.

— Il n'était pas là ?

— Non.

— Pas de nouvelles ?

— Aucune nouvelle.

— Ça va bien !

Et Jubiau murmure :

— Ça va bien ! C'est nous qui sommes les plus
fous. Nous voilà dans la crainte, dans l'inquiétude et demain dans le danger peut-être. Ecoutez,
avant l'arrivée de cet homme nous étions heureux, maintenant qu'il nous a rendus malheureux,

il nous lâche, à cause d'une femme qui est en ville. Si cet homme était pire que nous ? Moi je rentre. La tragédie, c'est pas mon affaire. Tu viens, Bérêt ?

— Non, pas tout de suite.

Jubiau s'est envolé.

Les deux vieux amis restent ensemble. Sur la batture, un long rayon de lune pâle et froid.

— Toi, Bérêt, qu'est-ce que tu penses ?

— Je pense que tout est bien.

— Crois-tu que l'homme nous aurait lâchés ?

— Non.

Et les deux hommes attendent un cri, un mouvement, un tremblement de roseaux, un geste sorti de quelque part, mais rien que la mer en face, la cabane vide à gauche, la nuit au-dessus, la monstrueuse et lointaine clarté de la ville de fer, fardée comme une fille ennuyée de sourire.

— Je suis quand même fatigué, dit Salisse.

— Je suis quand même très heureux, dit Bérêt.

— Pourquoi ?

— Parce que les jours qui viennent seront remplis de quelque chose.

—C'est vrai. J'ai hâte, à demain, dit Salisse.

Quand deux hommes, le soir, disent : « J'ai hâte à demain », le jour en préparation par delà les ténèbres, a hâte lui aussi de venir.

# XVI

Elle avait rendez-vous avec l'abîme et sa sœur
l'en a empêchée. Ils s'apprêtaient à aller au rendez-vous dans les fonds. Il faisait beau. Yose,
pour ne pas avoir l'air d'un garçon, avait noué
un ruban au bout de ses tresses et mis une jupe
noire avec des broderies et chaussé des sandales-
mocassins avec le cordon qui serre le pied à cause
des marches du phare qui sont glissantes. Comme
elle parfumait ses lèvres en buvant le suc d'une
pomme-fraise, sa sœur, l'amoureuse de l'infirme,
est venue dans le verger :

—Yose, tu es malade d'amour.

Yose n'a pas frémi, ni tremblé, ni fui. Elle
s'est tenue très droite comme une petite reine
toute blonde.

— Il faut aimer quelqu'un que l'on connaît, de son âge, de son pays, de ses pensées et non un fantôme des lointaines villes qui a le front plein de ténèbres. Il paraît que cet homme a des idées étranges et un passé plein de remous. Chez la madame Jacques, on en parlait encore ce matin. Des idées qui me feraient peur, bonnes tout juste assez pour ceux qui sont saouls de désespoir et ne savent plus où jeter l'ancre. Il n'a ni argent, ni nom, ni ambition, ni religion. Il cherche ce qui n'existe pas. Il est dégoûté de ce qui existe, c'est donc qu'il ne sait pas vivre ou qu'il a mal vécu.

Yose n'a rien répondu.

— Une chose qui vole ! Mais la chose qui vole, c'est l'amour. La source qui étanche la soif des hommes, c'est nous. Quand tu seras femme, demain, tu sauras. Laisse les saisons t'épanouir à leur gré, le temps prendre soin de ton cœur et un matin, en te regardant dans le miroir, tu verras la chose qui vole dans l'iris de ton œil. Ce sera la figure d'un jeune homme qui est quelque part ce soir, que tu ne connais pas, mais que tu connaîtras. Espère jusqu'à ce demain qui est après les saisons. En attendant, cueille la marguerite, danse pour personne entre les pommiers, comme je faisais, comme on fait toutes avant de rencontrer le sien. Tu ne me crois pas ?

Yose a fait un grand signe que non.

— Tu ne me crois pas ?

— Non, a hurlé Yose. Vous êtes laids tous les
deux, vous parlez d'argent et des meubles que
vous aurez et de l'automobile et de vos enfants
futurs. Vous ne parlez pas de mort, vous parlez
de vie, tu mens quand tu dis qu'il te parle de la
mort. Moi, je peux te parler d'un amour que tu
ne connaîtras jamais, bête que tu es !

Sa sœur a sauté dessus pour la faire taire et
l'a battue. Yose s'est écrasée et s'est laissé battre
et elle riait à pleine gorge pendant que son visage
était plein de larmes.

Soudain du verger, une voix a crié :

— Yose, tu viens ?

C'était son frère, celui qui porte carquois, qui
lui a crié du bord de la côte. Elle s'est élancée,
mais sa sœur l'a retenue :

— Pas ce soir.

Elle s'est débattue, elle a rué, elle a griffé, mais
la sœur l'a tenue ferme, pendant que le garçon,
pour éviter une scène qui aurait pu atteindre les
oreilles des parents, s'est précipité dans la coulée.

Deux heures plus tard, sur la pointe des pieds, le garçon blond a pénétré dans la chambre de Yose. Elle ne dormait pas. Sur ses couvertures toutes légères, il a glissé dans un souffle :

— Yose.

— Oui ?

— Il n'y était pas. Il n'y avait que Salisse. Jubiau, Bérêt et Henriot sont venus, mais l'homme n'y était pas. Il est resté en ville.

Yose a poussé un soupir de joie si léger, si doux, si content, que la dentelle de l'oreiller n'a pas bougé.

— Bonsoir.

— Bonsoir.

L'enfant blond est sorti de la chambre. Yose est allée à sa fenêtre et à la nuit qu'elle aurait voulu presser sur son cœur, elle a murmuré :

— Toi, garde-le bien. Je veux y être quand tu le ramèneras dans l'île. Mais qu'il ne soit pas trop malheureux. J'achève de le faire souffrir. La chose qui vole, je la lui remettrai.

Elle s'est recouchée tout doucement, sans se heurter au lit, en s'enveloppant avec précaution comme si elle portait, non pas le fruit de l'amour, mais le fruit plus précieux encore, celui qui fait mourir l'homme à force de chercher... celui qui n'existe pas.

Roule la bagnole de Jubiau entre le premier et le deuxième village. Le guitariste est seul et il sourit au volant. Pourquoi ? Il ne saurait le dire au juste. Son sourire provient d'une étrange sensation de puissance intérieure. On l'aime, Jubiau; on le trouve amusant. Encore ce matin on le questionnait et il se sait intelligent pour ne répondre que ce qu'il veut bien répondre. Il ment admirablement. Populaire d'un bout à l'autre de l'île, il a ses clients fidèles et des trucs plein son sac. D'où vient qu'il sourit ce matin ? Quand le fou est là, il est le deuxième : mais quand le fou est absent, il est le premier. Et le fou n'est pas revenu de la ville. S'il est heureux, c'est parce qu'il est le premier. Serait-il préférable que l'autre ne revienne plus ? Jubiau se sent fort aujourd'hui. Il ébranlerait n'importe quelle conviction d'un simple haussement d'épaules. Il pense à l'homme et de son for intérieur naît un désir, oh, bien lointain : celui de ne plus le revoir, de le laisser tomber. Après tout, Jubiau n'a besoin de personne. La farce a assez duré. Il verra.

Un cultivateur lui fait des signes sur le chemin. C'est Barnabé le coléreux. Voilà ce qu'il lui faut. La bagnole stoppe près de la boîte à malle.

— Bonjour, Jubiau.

— Salut, Barnabé.

— Je veux te parler.

— Monte.

Pour se mettre à l'abri du soleil, Barnabé monte dans la voiture à côté de Jubiau.

— Oui, mon Barnabé.

Il devine un peu ce que veut l'autre. Il se fait un visage sérieux et se dit : « je prendrai mon temps pour lui répondre ».

— Jubiau, que penses-tu du geste que j'ai fait hier ?

— ...

— Celui d'aller brutalement chercher mon fils dans les fonds ?

— Ça te regarde.

— Que penses-tu d'Henriot ?

— ...

— Il est jeune, hein ? C'est mon devoir de le surveiller, hein ? S'il était ton fils, tu aurais agi de la même façon que moi hier, hein ?

Le guitariste fait lentement oui de la tête.

— Henriot prétend qu'il n'est pas trop jeune pour fréquenter la compagnie des hommes. Il parle de votre mouvement...

— Quel mouvement ? Ce n'est pas mon mouvement. Je respecte l'église, moi.

Les épaules de Barnabé se sont renversées par en arrière.

— Je te croyais l'un d'eux.

Jubiau a un petit sourire de pitié.

— Content de savoir. Dis-moi, Jubiau, cet inconnu qui enseigne le vol et la révolte à nos fils est dangereux, hein ? Veux-tu que je le fasse arrêter ? Mettre la police au courant ?

Voilà l'avare qui s'échauffe et bouge. Jubiau prend un visage tourmenté et grave. Il dit :

— Tout homme est dangereux, quand il est contre les choses établies. Souviens-toi de l'Evangile : que fait-on du fruit qui ne ressemble pas aux autres ?

Il se penche au volant et continue d'une voix mystérieuse comme s'il s'adressait à personne :

— J'arrive de la ville où j'ai vu la sorcière Cordon. Elle m'a tiré l'horoscope et prédit des choses qui ne sont pas jolies rapport à cette affaire. J'ai décidé de me tenir au loin.

Puis il a regardé Barnabé qui a la bouche bée !

— La femme de Salisse n'est pas une folle, elle m'a avoué que son mari ne travaille plus, il veut se faire moine. Sais-tu autre chose ? Le Bouclé se cherche du travail.

Il prend le fermier par le cou et lui dit :

— Dans le dictionnaire, tu regarderas ce que le mot révolution signifie. C'est tout ce que je te dis.

— Ça ne sent pas bon, hein ? Du sang, hein ?

— C'est tout ce que je te dis.

— Tu n'as jamais cru en lui, hein ?

— Ai-je besoin de quelqu'un, moi ?

Le guitariste regarde au loin :

— Tirer du fusil à mon âge... d'ailleurs dans une émeute on m'a brisé les pieds une fois... une fois ça suffit.

— Sainte Notre-Dame ! Je vais le faire pendre, cet homme !

— Je te défends de te servir de mon nom. Moi, je ne me mêle de rien.

Jubiaù décolle, savourant sa puissance, pendant que Barnabé court chez lui, ouvre le dictionnaire au mot révolution et par téléphone fait venir Thomas le gendarme (jardinier) de l'île. Il va l'attendre dans le jardin en battant les herbes à coups de faux, comme si ces herbes étaient des ennemis au casque pointu qui l'attaquaient par en arrière.

— Mais au juste, qu'est-ce qu'il a dit ? qu'est-ce qu'il a fait ?

— Qu'est-ce qu'il a fait ? Thomas, tu es aveugle ou sans génie.

— Attention, Barnabé, c'est le gendarme qui te questionne.

Thomas, le gendarme (jardinier) de l'île a fait son œil sévère, son œil de détective qui voit à travers les murs. D'un geste sec, il rappelle à son ami qu'il a mis sa casquette de gendarme.

— Parle. Tu m'as fait demander. Je t'écoute. Pèse tes mots.

Barnabé, un peu impressionné, baisse le ton, dépose la faux, piétine et commence :

— Je vais donc te dire ce qu'il a fait, puisque tu ne le sais pas. Je vais te le dire comme citoyen qui fait son devoir. D'abord ce maudit...

— Cet homme.

— Cet homme a mis des goûts de vol et des goûts de paresse et des goûts de désertage dans le fils et dans les enfants blonds. Ensuite ? Mais pauvre Thomas, je ne ferai pas de détours : sais-tu qu'il vient ici, pour enrégimenter les gens et les lancer contre l'église ?

— Contre l'église, oui ?

— Il veut mettre le feu dans les choses qui lui déplaisent au village, et tout lui déplaît. Il a ses espions. Bérêt le niaiseux veut faire partie du conseil pour voir où va notre argent. On ne sait même pas son nom à cet homme, ni d'où il vient. Sa cabane est pleine de mauvais livres et de bouteilles. Tout homme est dangereux, surtout l'inconnu.

Il se penche à l'oreille du gendarme :

— Il paraît qu'il a même des livres en hébreu et des cartes de géographie anglaises, s'il vous

plaît. Il est en train de tout revirer l'île à l'envers
avec ses idées de fou. Va donc questionner la
femme à Salisse, elle ne reconnaît plus son sot
de mari qui prie en latin dans la cuisine au lieu
de travailler, vu de ses yeux vu, en as-tu assez ?
Il est temps que tu te grouilles, gendarme, sinon
je te rapporte au centre.

Les yeux du père d'Henriot sont pleins d'éclairs
dangereux. Thomas le gendarme (jardinier) de
l'île, écoute gravement les déclarations du plai-
gnant et évite complaisamment les petites flèches
qui ne sont pas envoyées sur la loi.

— Oui, enfin tu voudrais que je l'arrête ?

— Que tu le pendes.

— Oui, mais on n'arrête pas un homme comme
ça sur des qu'en dira-t-on, des mots, des rumeurs.

— Des rumeurs ! Sainte Notre-Dame !

— Il faut un mandat pour l'arrêter ou perqui-
sitionner chez lui.

— Bout du monde !

Barnabé est découragé. Il ramasse son souffle :

— C'est ça, protège-le. Mandat, pas mandat,
tu peux toujours aller faire ton tour dans les fonds
et voir ce qui s'y passe.

— Il paraît qu'il n'est pas là.

— Bon. Mais il va revenir. Il y a réunion en cachette chez Salisse presque chaque soir. Dans le dictionnaire, tu regarderas ce que le mot révolution signifie. Moi, je te le prédis la révolution. Dans six mois les paroisses se battront. Tiens, je vois du sang et j'entends des cris de femmes qu'on égorge !

Il s'est renversé de côté, comme atteint d'une balle.

— Tu exagères, Barnabé.

Le fermier retrouve son équilibre, ramène ses bras qui étaient de travers et ajoute, dents serrées, en mine d'écœurement :

— Je lui fabriquerais une cage de bois à cet homme et je l'y enfermerais au carrefour du mitant et je le laisserais pourrir comme les ancêtres ont fait avec la Corriveau la sorcière, si j'étais la loi de l'île. Un fruit pourri, on le sépare des autres, dit l'Evangile. Ah ! Si j'étais la loi !

— Prends tes sangs, mon voisin. Donc, je vais y voir.

Le policier fait le salut militaire, enfourche sa bicyclette et droit comme un soldat de plomb, retourne à ses jardinages par la route de poussière. Barnabé le coléreux branle la tête de haine et crache de mépris dans la direction de Thomas :

— Zéro ! Nous autres, il faudra dérouiller les vieux fusils.

Du bout des champs, les cultivateurs rangés du côté de Barnabé, au guet comme durant une révolution, se glissent, après le passage de l'homme à casquette dorée, des mots comme « émeute, pillage, cadavre, sauve qui peut ». On joue à la révolution en remuant des fruits et des légumes sentant bon la terre et la paix.

A la fenêtre de sa chambre au deuxième, il y a Henriot en pénitence pour la journée, qui vient de répondre au salut que lui a discrètement lancé Thomas le gendarme, par-dessus le verger. Avec un coin de sa chemise, Henriot essuie ses lunettes. Et comme un marin en vigie, dans le ciel bleu, il scrute, il scrutera le ciel toute la journée et suivra la course des petits nuages qui passent. Il ne sait pas le chant, sans quoi on l'aurait entendu du deuxième, peut-être du troisième, tant son cœur est plein de poésie.

Sur la route du quatrième village, Jubiau aperçoit le Bouclé qui s'en va à pied dans la pous-

sière. Il arrête sa bagnole et lui offre de monter.
Le Bouclé accepte. La machine repart.

— Il y a longtemps qu'on t'a vu, le Bouclé.

— Oui.

— Tu ne viens plus au restaurant ?

— Non.

— Ni à l'hôtel des vacanciers ?

— Non.

— Qu'est-ce qui t'arrive ? Tu travailles ?

— Oui.

— Pour du nouveau, c'est du nouveau. Où
donc ?

— Peu t'importe.

— C'est beau un jeune homme qui se range.
Roule la voiture.

— Celle qui habite derrière les pivoines...

— Oui.

— Elle se languit. Son homme est dans les mari-
times. Si c'est parce que tu ne peux pas payer le
charretier, ne te gêne pas avec moi. Tu réfléchis ?

— Oui. Et je siffle. Je fais les deux en même temps.

Roule la voiture.

— Tu penses à elle ?

— Non. A lui, l'homme.

— Lequel ?

— Il n'y en a qu'un. Il est revenu ?

— Qui t'a dit qu'il était parti ?

— Je sais tout de lui.

— Je me demande ce que tu lui trouves d'intéressant. Il y a un mot pour ceux qui laissent tomber leurs frères. Il nous a lâchés.

— Dommage !

— Pourquoi, dommage ?

— Parce que vous en aviez besoin et moi de même. Il a réussi avec moi des choses que personne d'autre a réussi.

— Par exemple quoi ?

— Ça ne se dit pas.

Roule la voiture.

— Je vois qu'on s'est emballés pour cet homme. Il n'en valait pas la peine, puisqu'il nous a lâchés. Mais il était intelligent.

— Il reviendra. Je gage que tu préférerais qu'il demeure au loin, Jubiau ?

— Pourquoi ?

Le Bouclé sourit une deuxième fois. En énigme.

— Arrête ici, je descends.

A droite, c'est un long pacage boueux de racines et d'herbages avec des buttes par-ci, par-là, et des cochons qui se vautrent dans les flaques.

— Où vas-tu ?

— Si tu vois l'homme, dis-lui que je travaille.

— Toi, tu travailles ! C'est sérieux ?

— Ici même. Je garde les cochons. Ça ne se dit pas, mais ça se fait avec plaisir quand ils ont quatre pattes.

C'est ce coup de sang qui a durci le visage du guitariste.

Une vapeur pourrie sort du macadam entre les jambes des piétons et les roues des autos. Un gros bonhomme ganté de blanc dirige la circulation à coups de sifflet. Au fond du trottoir, longeant les murs, glisse le fou, traqué.

Il a refait la ville et s'est fait huer. Comme autrefois. Il a revu l'homme à crâne blanc, celui qui habite un bureau dans les airs derrière des blocs de ciment et qui cause avec la Bourse au bout d'un fil de téléphone. Il lui dit : « Monte », elle monte, « descends », elle descend. Il a dit au fou : « Mets ta main là et l'or va couler dans ta main et avec l'or, tu achèteras la chose qui vole, puisque l'or achète tout. » Le fou a posé la même question qu'il lui avait posée jadis : « Pourquoi des barreaux de fer dans votre fenêtre ? » L'homme à crâne blanc a sucé le bout de son crayon et le fou est sorti.

Il a rencontré l'ivrogne, celui qui rit aux anges de toutes ses lèvres humides et qui possède vraiment dans son verre des choses qui volent. Mais pour les saisir, il faut les boire et en les buvant la tête s'alourdit et on finit par un sommeil de bête dans lequel circulent des petits rêves béats, des plaisirs rapides et torturants. Tout cela est assez malsain, embrouille la mémoire, laisse un ventre de noyé et un raisonnement de garçon en peine. La chose qui vole n'est pas dans la bouteille.

Puis il est allé dans le quartier des intellectuels. On y accède par une bouche. Là, il y a des tables comme au restaurant et des gens qui mangent. Des petits vieux de trente ans, en partie, avec la barbiche en pointe et la diction parfaite, droits comme des roitelets solennels et ridicules. Ils mangent des phrases, des périphrases, des lexiques, des traités, des traductions complètes, des langues. Et la volupté du lieu est de sucer l'étymologie des mots comme on suce un os. Leur cuiller est pleine de verbes, de lettres et de dates. Une soupe à l'alphabet. Ils ne font pas de bruit en mangeant, ni en écrivant. Ils observent. Devant eux, tout est prêt pour écrire : encre, papier, plume. Ils n'attendent que les idées. Comme elles ne viennent pas ils se bourrent dans celles des autres, et les salissent ou les recopient... Manquent-ils d'argent ? Ils vendent sous un nom de plume dans une langue châtiée les laideurs de ceux qu'ils envient. Evidemment, ils ont entendu parler de la chose qui vole, ils savent tout, ils disent que c'est délicieux, demandent rigidement si on en veut un tantinet. On y goûte et ça goûte le sable, la cendre, la dureté, l'incroyance, la sécheresse. Non. La chose qui vole est toute naïveté, illusion, enthousiasme et se tient dans les hauteurs et ne se laisse pas souiller par des haleines de jeunes vieillards à voix de fausset, aux doigts blancs comme ceux des fileuses. On les croit subtils comme des voiles, ces petits hommes, ils sont plus lourds que des sacs de pierres. La chose est ailleurs. Les connaissances sont des prisons trop logiques et trop bêtes pour elle. La chose qui vole n'habite pas la raison, mais le mystère, et les trop forts en grammaire sont souvent, hélas, des pleutres en mystère.

Après, le fou a rencontré le détraqueur d'horloges; un type très drôle qui fait métier de détraquer tous les carillons et toutes les horloges de la ville. Il fait faire le tour de ses cadrans au fou dans l'espérance d'y voir sortir la chose, mais d'avance le chercheur savait que la chose ne se cachait pas dans les drôleries.

Ensuite, il a vu trois hommes dans une montagne de roches, alentour d'une croix sur laquelle c'était écrit : l'ancre. Il y avait beaucoup de vent à cet endroit et les trois hommes cramponnés à l'ancre regardaient le ciel. Le fou a failli voir ce qu'ils voyaient. Avec un peu de patience, il y serait parvenu, mais une femme lui a fait signe de l'horizon et lâchement il est accouru. Non, elle n'avait pas la chose qui vole derrière ses soies

et ses sourires, ni dans les creux les plus chauds
de son corps. Elle avait quelque chose de brûlant,
mais qui se fane et qui lasse très vite. Le fou a
voulu revenir à la montagne des trois hommes,
hélas, il n'a plus retrouvé le chemin.

Alors, il est allé voir le malheur dans un taudis.
Ce n'était pas un malheur bienvenu. C'était un
malheur aigri, pauvre de tout, méchant, qui en
voulait à la société et à l'autorité. Rien à faire là.

Il faut dire que dans une salle, le fou a vu la
chose qui vole. Il l'a vue. Un diable maquillé de
rouge, vêtu de noir et coiffé de jaune, la tenait
au bout d'une ficelle et la faisait toucher à qui
voulait. Vraiment. Mais comme le fou la touchait,
la chose s'est défaite, émiettée comme de la cendre
de papier et la salle a applaudi. C'était la copie
exacte de la chose, mais une copie c'est faux, ce
n'est pas vrai. Et sous les huées de la foule, le
fou est sorti de cet endroit qui s'appelle le théâtre.

Ensuite ? Il a fait le quartier de la guerre. Par
les hautes cheminées sortent des merveilles, c'est
entendu. On les distingue à travers la fumée. Mais
elles ne volent pas longtemps. Elles s'écrasent sur
des villes avec des bruits de fin du monde et long-

temps après leur chute, montent de grands gémissements de femmes devenues folles.

De là le fou a parcouru le pré de la musique, où on voit la chose très nettement, mais dans des pays irréels. Cela ne vous donne que le goût de la chercher davantage.

Il a fait le quartier des haillonneux qui se jouent de l'accordéon par les soirs mauves dans la ruelle des hommes libres. Mais en réalité ces hommes ne sont pas libres et portent de larges chapeaux de paille pour ne pas voir le ciel. Ces hommes se déplacent très lentement parce que leurs chevilles sont sensibles : sang coagulé par-dessus les traces de boulet.

La chose qui vole, où est-elle ? Salisse, où es-tu ? L'île, où est l'île ? L'homme, où est l'homme qu'une musique bête ne pâme pas, qu'un cri d'oiseau ne jette pas dans les transes. La chose qui vole est décidément libre, voilà une affaire entendue, comme la goélette qui avait pris la mer et s'était rendue dans les pays chauds où on l'avait abattue à coups de canon. A l'ancre, elle se faisait piétiner. Elle est morte en mer libre. La chose qui vole n'est pas ancrée. Le savoir ne l'a pas, ni l'amour, ni l'or, ni le rêve artificiel. Mais qui ? La mort ! Ah, la mort !

Au large le fou.

Salisse est là à marée haute, fidèlement comme à chaque soir d'ailleurs depuis l'absence du fou. Comme si c'eût été son fils. Il a enroulé le fou dans ses bras poilus et l'a collé sur son épaule. Lui n'avait pas cessé de croire quand Jubiau ne croyait plus.

— Viens.

Dans la barge saute le fou et dos à la ville de fer, couchés sur les rames, les deux hommes se hâtent comme pourchassés par un ogre. Riez les essaims de méchantes petites vagues, vienne le vent des roches que seuls les roseaux ont respiré. Ramons, Salisse. J'ai le cœur qui me brûle, ta cabane, ta paix, vite, tes trois bouleaux penchés au-dessus de ta maison. En approchant de l'île, ils entendent des voix dans le soleil couchant. Ce sont des gerbes de petits frères et sœurs groupés dans des balançoires rustiques qui chantent sous les pommiers. Ils chantent pour eux, ayant comme auditeurs les bâtiments à la chaux et les oiseaux de lumière qui frôlent les escaliers de tuf.

Quand le fou aperçoit la cabane dans le limon, il se met à trépigner comme le marcheur aperçoit le puits où se cache l'eau qui vivifie.

Il n'a dit qu'une chose à Salisse durant la traversée.

— Salisse, je sais où est la chose qui vole.

— Où ?

— Par là.

Et il montre dans la direction des cailloux.

— Ecoute, Salisse, si je faisais mal à quelqu'un, c'est parce qu'il le faudra.

— Comment ?

— La chose qui vole se cache peut-être dans le cœur de quelqu'un. Si elle n'est pas là... je ne guérirai jamais. Si elle n'est pas là... (il fait fitt avec ses lèvres et montre la mort qui suit derrière la barge).

Salisse est inquiet. Derrière la barge, il y a un poisson mort, à la dérive.

# XVII

Jubiau, le guitariste-charretier est dehors dans son petit parterre et traîne la patte entre ses idées qui sont à terre toutes mêlées. Seul... Il est seul. Et ça ne lui arrive pas souvent d'être seul et ça l'ennuie royalement. Entouré de chaises vides, les jolies chaises de bois rond qui se disputaient les voisins à cette heure-ci au commencement de la brunante, il marche seul. Il n'y a pas si long-temps, on se pressait chez lui pour des divertisse-ments. Il était le roi de la place, l'inimitable, le centre des réunions. On répétait ses drôleries en famille. Depuis quelque temps, seul. Personne... On ne vient plus le visiter. Comme un jouet amu-sant on l'a mis de côté après s'en être amusé. Un autre a pris sa place. Voilà. C'est d'un autre qu'on parle. Et pas seulement au deuxième, mais au troisième, au premier, partout. Un autre plus fort que lui, qui est au-dessus de la vulgarité et des grimaces et des mots d'esprit. On en parle partout de celui-là. On en parle trop. Jusqu'à la police qui s'intéresse à lui. Jusqu'au Bouclé. Jamais la police ne s'est intéressée à lui, Jubiau, parce qu'il n'est pas dangereux. Ses idées restent à terre, frôlent le terre-à-terre, il le sait et cela l'enrage. Il aimerait être dangereux, claquer au-dessus des têtes un drapeau de mystère. Mais un autre est venu et l'a ramassé dans son mouvement comme poussière. Il est battu. Son régiment de rieurs est en fuite et il est là seul avec une sourde jalousie qui monte dans son âme comme la marée de nuit.

« Je me suis emballé, je n'aurais pas dû. Je ne m'appelle pas Henriot. Jusqu'à Bérêt qui dit de mépriser le méprisable et le curé d'adorer l'adorable. Pouah ! »

Le guitariste est là avec ses idées pêle-mêle entre lesquelles il traîne son pied-bot. Le loquet de la petite clôture de fer vient de sauter.

— Qui est là ?

— C'est moi, Bérêt.

Le forgeron arrive, tout excité, tout heureux.

— Il est revenu par le chemin de la mer. C'est Salisse qui l'a ramené. Il est revenu tout à l'heure. Moi, je ne l'ai pas vu, mais Salisse l'a vu et lui a parlé. Pour le moment, il dort dans la cabane.

— Puis ?

— ...

— Il est guéri ?

— Non. Il n'a rien trouvé.

— Pouah !

Jubiau a gardé les mains dans ses poches et de nouveau fait « pouah ! » en reculant. Bérêt tourne son béret.

— Je suis venu te chercher, guitariste.

— Pourquoi ?

— Pour que tu sois là à son réveil. Nous y serons tous. Pour l'encouragement.

— Ce soir je suis pris, j'ai un voyage au troisième.

— Après ton voyage, peux-tu venir ?

— Il sera tard. Trop tard.

— Bon.

— Je regrette.

— Bon, bon. De quoi as-tu peur ?

— De rien.

— De la police ?

— De rien, je te dis.

Alors Bérêt lui souhaite le bonsoir et s'en va en hâtant le pas parce qu'il est à pied et que la route est longue. Le guitariste le regarde tant qu'il peut le voir sur la route. Puis il s'assoit, nuque appuyée sur le poteau de la galerie et dans le noir il voit un procès, des fouets levés sur le fou, tout un peuple qui se lève et prend sa défense, on le porte en triomphe. Au-dessus, entre les arbres, c'est une étoile rouge.

— Elle est là, elle ?

C'est l'étoile que jadis Jubiau avait enfermée sous un globe de verre, du temps qu'il était pur. Il serre les muscles de ses joues, fait pouah ! saute dans sa vieille bagnole et dit :

— Faisons ça tout de suite.

Il s'engage dans la direction du cinquième village, au bout duquel est la maisonnette derrière les pivoines.

— C'est moi.

Yose n'a pas frémi en entendant cette voix dans son dos. Elle remet le globe sur la lampe du phare.

— Tu es seule ?

— Oui.

Elle porte au poignet son bracelet d'écrevisses. Le fou l'a vu. Au lieu de descendre, elle ouvre la porte donnant sur la petite galerie qui ceinture la cabane du phare. Les voilà tous les deux côte-à-côte entre ciel et terre, du vent plein le corps, des grosses vagues de vent.

— Tu vois la montagne ronde et svelte comme un beffroi de cathédrale là-bas ?

— Oui. Même que je l'entends sonner.

— Tu l'entends sonner comme une cloche ?

— Oui.

— Yose, si je te disais : « tu vois les cailloux accourir à la prière », tu verrais cela ?

— Mais je les vois.

— Tu crois en moi ?

— Vous le savez bien.

Les animaux en bas paraissent des jouets et le fleuve est grand. De là, on voit les villages. Il est peut-être huit heures du matin. Salisse est au large à la chaîne de Roches. Il y a un mariage d'oiseaux sur une vieille pêche brûlée en bas. Yose dit :

— Un mariage d'oiseaux.

Le fou dit :

— Yose, la chose qui vole, si c'était toi qui l'avais ?

Elle le regarde dans un grand ravissement.

— Si je te disais : « lance-toi en bas, après je te fouillerai le cœur, la chose est là ».

— ...

— Mais non.

Le fou s'en va seul. Il est pâle. Et Yose reste en haut de la tour dans le ravissement.


— Je n'ai rien à te pardonner, guitariste. Tu n'es quand même pas obligé de me suivre.

— J'ai eu un moment de lâcheté, mais ce soir, je suis ici. Et je suis ici pour quelque chose. Ma bagnole est en haut. Nous partons ensemble.

— Pour aller où ?

— Au cinquième village.

— Oui ?

— Il y a là quelqu'un qui vaut la peine d'être consulté.

— Bérêt m'a dit que tu ne croyais plus en la chose.

— Vois, tu ne m'as pas pardonné.

— C'est bon, je te suis.

Il fait grande beauté dans les fonds. Le soir est tombé. Les parfums de juillet rôdent comme des mélodies. Le vent coule dans la nuit entre les arbres comme une femme qui va à un rendez-vous.

— Je suis prêt, dit le fou.

Amicalement Jubiau désigne les vêtements du fou :

— Pas ça. Mets ce que tu as de mieux.

— Pourquoi ?

Le fou passe un pantalon gris, une chemise blanche et une blouse à carreaux.

— Peigne tes cheveux.

Le fou trempe ses cheveux dans l'eau et leur donne un coup de brosse.

— Allons.

A pied les deux hommes gagnent les hauts. La lune est arrêtée sur le pignon d'une vieille maison. Avec une échelle on pourrait aller la prendre.

— Monte.

La bagnole se met en marche. Le charretier Jubiau fait signe avec son pouce :

— Regarde.

Sur le siège d'arrière, il y a la guitare.

— Où m'amènes-tu qu'il faut que je sois peigné et luisant comme un dimanche ?

— Au cinquième.

— Voir qui ?

— L'homme des Abîmes.

— Tiens, tiens, un nouveau, un prophète, un savant ?

— Un sourcier. Il met les paumes de ses mains sur une branche de pommier et quand la branche pirouette, il y a de l'eau sous les pieds de l'homme.

— Bah !

— Il prend un pendule tenu par une ficelle. Et quand le pendule balance, il dit : « sous mes pieds il y a de l'or, ou il y a du charbon, ou il y a du cuivre ».

— C'est un drôle.

— Attends. Tu vois les chutes ? Elles n'ont pas de fond. Elles n'ont pas de sortie. Les sondeurs du gouvernement peuvent te le dire à cause d'une femme qui s'est jetée dedans et qu'on n'a jamais retrouvée. Lui, l'homme des abîmes, est allé au gouvernement et a dit : « j'ai trouvé la femme ». « Où ? » « Dans le Brunswick à six cents milles d'ici. » Ils sont allés et ils ont vu la noyée. L'homme des abîmes a dit simplement : « La sortie des chutes, c'est ici. » « Qui te l'a dit ? » Il s'est touché le front en balançant le pendule : « Ça. »

— Et c'est chez lui que nous allons ?

— Oui.

— Pourquoi ?

— Pour la chose qui vole. Je sais que tu vas me répondre : il est expert dans les abîmes par en bas, mais ce qu'il nous faut c'est un expert dans les abîmes par en haut, il l'est peut-être aussi.

— La chose qui vole ne se localise pas par un pendule, Jubiau.

— Non, mais le pendule peut donner une direction, un indice, une piste. Nous ferons le reste.

— Si c'est un puits que je voulais, j'irais le voir.

— Peut-être qu'il connaît des puits qui sont chez les étoiles. Attends de le rencontrer.

La bagnole va son petit train. On distingue les troupeaux dans la nuit couchés comme de gros cailloux. Dans le village qu'ils traversent, c'est désert. A peine de rares lumières sur les galeries et des jeunesses qui font la veillée tranquillement. La bagnole a pris le chemin qui coupe l'île en deux. Elle roule longtemps en pleine forêt et sous la forêt c'est des trous noirs comme des fenêtres de maison sans lumière. Soudain, la mer paraît presque au niveau du chemin. Ici pas d'escalier de tuf ni longues battures. Une grève ordinaire.

Et de belles résidences avec gazon et des grappes de lumière dans les parcs et des gens qui boivent près des tables à parapluie, d'autres qui se baignent au clair de lune, d'autres qui dansent dans l'hôtel là-bas, et de distingués jeunes gens qui jouent au tennis sous d'énormes globes électriques.

— Les vacanciers, dit le guitariste avec une petite grimace.

— C'est ici le cinquième ?

— Oui. Il n'y a que deux habitants permanents. Pour ce qui est des autres, ils disparaissent devant le froid comme les feuilles.

Ce village mondain est une réplique exacte de la ville. On se demande pourquoi ces gens ne sont pas restés où ils étaient.

— C'est loin encore ?

— Dans le détour.

Après quelques minutes :

— C'est là.

A gauche, on devine une maisonnette très jolie, avec sa petite veilleuse sur le flanc. Une maisonnette discrètement voilée par des haies de cèdre.

Un petit chemin entre les pivoines y conduit. La bagnole s'arrête. Jubiau sort.

— Viens.

Les deux hommes se dirigent vers la maison. Et au-dessus de la maison c'est plein d'étoiles filantes. Rouges elles sont, comme des fleurs que des mains agitent du champ des rêves.

— Bonsoir, Madame.

A qui il dit bonsoir ? Le fou n'a vu personne. Sous la véranda bouge une forme. La forme s'avance. Une voix très douce, très calme, dit :

— Bonsoir.

Le fou aperçoit une lourde chevelure plus brune que la nuit dans laquelle une fleur blanche est piquée. Deux yeux, grands et verts comme ceux des fauves. C'est la femme à peau blanche comme lait, aux lèvres méchantes, prise dans une robe à petites mailles comme un filet pour retenir les truites au ventre blanc.

— Votre mari est ici ?

— Non.

— Vous l'attendez ?

— Pas ce soir. Peut-être demain.

Le guitariste fait les présentations.

— C'est lui.

Jubiau a dit « c'est lui » en désignant le fou et elle l'a regardé. Puis il a ajouté en regardant le fou : « c'est elle ». Elle est disparue dans la maison pour revenir avec deux verres. Une bouteille de vin attend dans l'ombre par terre près de son verre à elle. Elle a servi le vin en se déplaçant, onduleuse comme une fleur des pics.

— Alors, il n'est pas ici.

— Non.

— C'est parce que c'est important.

— Ah !

— Très important.

— Vous reviendrez.

— Vous ne nous demandez pas de quoi il s'agit ?

— Non.

— Ce n'est pas pour un puits, ni pour une mine.

— Un objet perdu ?

— Justement, un objet perdu. Une chose qui vole que monsieur a perdue.

— Et c'est quoi ?

Jubiau pense que le fou va prendre la parole et s'expliquer, mais il regarde son verre et ne dit rien.

— Vous avez perdu quelque chose ? demande la femme qui a remué, flexible comme une branche pleine de sève.

Le fou continue de fixer le verre. La main de la femme est sur le bras de la chaise.

— Oui, j'ai perdu quelque chose.

— Nous avons tous perdu quelque chose.

Le fou la fixe. Une fraction d'instant, ils se mirent l'un dans l'autre et baissent le regard ensemble. Elle est à l'aise et le fou a l'impression de la connaître depuis longtemps. Il l'aime et il se sent aimé.

— Allons-nous-en.

La main blanche est sur son front comme une douce éponge sur le feu.

— Moi, je n'ai rien.

— Et ça ? dit le fou.

Il prend la main blanche et la remet à la femme.

— Viens, Jubiau.

La femme est disparue dans la maison une deuxième fois, nonchalante comme une louve. Les deux hommes s'en vont. Et quand la bagnole a décollé, la silhouette de la femme était dans la fenêtre buvant son verre et ses cheveux étaient roulés autour du verre comme si elle embrassait quelqu'un. Le fou demande :

— Tu savais que l'homme était absent ?

— Non.

Le guitariste ment. Le fou le sait. Il se penche sur lui qui pâlit :

— Tu voulais ma perte. Mais tu procèdes à l'envers. Il n'y aura pas de grand amour.

Le charretier voit qu'il s'est trompé. La bagnole roule longtemps puis s'arrête dans la brume qui a mouillé les herbes. Le fou descend.

— Fais-moi arrêter comme agitateur.

Le fou a plongé dans le noir vers les fonds. Il y a du silence par là, plein les abîmes, des coulées de silence, des précipices de silence, des puits de silence, où le fou se sent comme dans les jardins d'un homme puissant et doux, mais il est seul. Et ce silence qui aura le dernier mot, lui fait peur.

Jubiau regarde la lune qui est sur le pignon de la maison. Il a envie de décrocher la lune, de demander pardon au fou, mais un bouillon lui monte en surface :

— J'ai autre chose à essayer.

Et il s'en va seul dans sa bagnole, dents serrées, avec la guitare qui saute sur le siège arrière et se plaint.

Bérêt a un apprenti. C'est Henriot qui a quitté la maison paternelle et qui maintenant travaille à la forge pour gagner de l'argent. Il gagne un minuscule salaire. Il en donne la moitié à son père pour prouver qu'il ne lui garde pas rancune, et l'autre moitié il la met de côté pour les études futures. Il veut faire de longues et belles études. Le fou lui a mis cela en tête. Et en soufflant le feu, Henriot, l'enfant à lunettes, se voit dans une grande salle chaude, derrière un petit pupitre verni, penché sur des livres où la science des hommes et des choses est écrite. Il est résolu d'attendre et d'apprendre. Et quand il saura bien tous les détours et tous les chemins de l'esprit, calmement il se mettra en route. Il aura étudié la patience, la persévérance et l'amour comme une lanterne guidera ses pas.

Bérêt qui ferre les chevaux dangereux devine bien un peu ce qui trotte dans la tête de son apprenti. C'est pourquoi il le respecte et jamais ne le brutalise et jamais ne le scandalise. Il le voit homme instruit, puissant, considérable.

— Et hier, qu'est-ce qu'il t'a dit ?

— Hier, il m'a lu des pages.

Parce qu'il n'y a pas de clients dans la forge et que Bérêt travaille sans lever la tête depuis le matin, il s'approche d'Henriot sans faire mine de rien et demande en s'épongeant :

— Hier, qu'est-ce qu'il t'a dit ?

Car Henriot, deux fois la semaine, va dans les fonds le soir suivre des cours de français et d'histoire que lui donne le fou, mais ce sont là plutôt des causeries qu'il lui fait, à la manière de l'aîné arrivé de lointains voyages qui raconte à son petit frère les merveilles qu'il a vues.

— Hier, il m'a lu des choses sur de vieilles feuilles jaunies qu'il a sous le fanal. Il m'en a donné une.

Henriot met la main dans sa poche. Bérêt va s'assurer que personne ne vient par les portes battantes.

— Lis.

Henriot lit à la lueur du feu de forge qui se tient en l'air sans bouger.

— « Solitude, chère solitude. Le passereau qui gémit dans son nid solitaire. La paresseuse source caressant la prairie, le petit pont de bois sous le soleil. L'avoine qui germe au bord de la forêt. Le silence est le couloir qui mène à la vérité. Il n'y a pas de bouche qui parle mieux que les lèvres du silence. Je suis chez moi dans la pauvreté des bruits. En refaisant le chemin de ma jeunesse, je vois combien j'ai été seul. Ne me disent rien les amis, les discussions, les bouteilles que l'on débouche gaiement un soir de fête. Comme je méprise tout ce que je possède ! Comme est pauvre ce qui est humain. Le bonheur que je cherche me fait mourir. Je m'en irai par le sentier inconnu, je gravirai la montagne chauve et sur un caillou élevé d'où on voit la terre à ses pieds, je chanterai la richesse de celui qui n'a rien. Oh ! un cœur libre, habité par personne. Ne pas être torturé par la femme, l'or, le savoir, mais lentement être consumé par la chose qui vole. Quitter la vie sans fracas ni témoins comme l'aigle qui décolle, emporter ses cris et ses chefs-d'œuvre, être oublié, ne plus revenir, laisser derrière soi le goût de l'Abîme qui est en haut. »

Henriot replie la feuille, la replace dans sa poche et souffle le feu. Bérêt rêve. Dans le coin le plus en désordre de sa boutique, il aperçoit la faucille d'or.

— Il faudra y aller avec beaucoup de ménagement, mon Barnabé.

— On devrait le tirer à bout portant.

— Tu te trompes, il est puissant.

— Moi, je suis maître au conseil, maître sur mes terres, maître partout. La puissance ici c'est moi, j'ai l'argent. Lui n'a rien, rien.

— Que des idées... et c'est plus puissant que des écus. Toi tu veux tout bousculer, faire le tapage, police et trompettes en tête. Je ne crois pas que ce soit le moyen.

— Quel est donc le moyen ?

— Ecoute-moi : tu connais ça, une boule de neige qui fond au soleil ? Elle est là et petit à petit elle n'y est plus. Ça s'est fait sans coups, ni cris, ni rage. On ne l'a pas tuée; on ne l'a même pas touchée. Elle était là, elle n'y est plus, simplement. En ville cela s'appelle de la diplomatie. Est-ce que ça t'aide ?

— Tu le mets peut-être plus puissant qu'il est en réalité ?

— Où est ton fils Henriot ce soir ?

— Bon.

Cloc cloc s'éloigne Jubiau, laissant le coléreux Barnabé avec l'image de la boule de neige qui était là et qui n'y est plus.

# XVIII

— Je t'attends.

— Non. Je te rejoindrai. Laisse-moi.

— Pourquoi tu restes ici, Yose ? Qu'est-ce qu'il y a de drôle à regarder le vide ?

— Toi tu te baignes dans l'eau, moi dans le vent.

Et le garçon blond, carquois sur l'épaule, descend les marches du phare et retourne chez lui, seul, laissant sa petite sœur entre ciel et terre. Depuis plusieurs matins qu'il revient seul, Yose s'attarde en haut de la tour, avec le vent qui gonfle ses jupes et mêle ses cheveux jusqu'à ce qu'elle soit ivre de vent. Et cette manie qu'elle a de tenir son cœur à deux mains depuis quelque temps. Elle chancelle, elle est lourde et penchée comme un brin d'avoine un matin de grosse rosée.

— Yose ! Yoooose !

Elle se redresse, elle se secoue, elle scrute le bas et aperçoit Salisse qui lui fait bonjour avec la rame. Ça la ramène à la réalité. Vraiment elle était perdue.

— Attendez-moi !

Elle ferme la trappe du phare, descend les marches en titubant et accourt vers son ami le pêcheur.

— Vous étiez là ?

— Un hasard.

— Qu'est-ce que j'ai fait ?

— Rien. Embarque si tu es libre.

Preste elle saute dans la chaloupe, enjambe les bancs et se tasse en arrière, face au pêcheur. Elle est serrée dans une robe à petits plis et ses cheveux comme la fraîcheur du matin sont en désordre sur ses épaules. Salisse rame, avec Yose gracieuse comme une colombe, au milieu du banc, à deux pas de lui.

— La mer a déposé dans ma pêche, cette nuit, quelque chose pour toi.

— Vraiment ?

— Ah oui !

— C'est quoi ?

— Tu verras.

La marée est étale. Salisse pique la proue sur sa pêche et dans dix minutes il est rendu. Yose a le cœur pris d'épouvante parce qu'elle approche de la cabane.

— Il est là ?

— Non.

— Où est-il ?

— Au premier.

— Comment va-t-il ? Il a trouvé ? Il n'a pas trouvé, hein ? Moi, il me défend d'aller vous rejoindre le soir parce que je suis une fille, mais il se trompe parce que la chose qui vole c'est moi qui l'ai. Je l'aime, vous savez, monsieur Salisse.

— Oui.

— La chose qui vole est ici (elle montre son cœur); pour la prendre il faudra briser cela (elle montre la cage qui est son corps).

Ils sont rendus à la pêche. Salisse a jeté l'ancre. Il relève ses bottes, saute à l'eau et présente son

dos à Yose. Yose a rougi. Autrefois elle montait
sur le dos de Salisse. Plus aujourd'hui. Elle a
enlevé ses souliers-mocassins et hop, comme deux
poissons blancs, ses pieds ont plongé dans l'eau.
Debout près de Salisse, elle présente sa main,
que le pêcheur prend, une toute petite main
blanche. Un trottoir de bois contourne la pêche.
Ils y sont tous les deux. Salisse a quelque chose
à dire avant de lui remettre ce que la mer a
apporté pour elle. Elle le voit bien. Assise sur
le petit trottoir de bois, pieds dans l'eau, fixant
la cabane dont la porte bat au vent, elle dit :

— J'écoute.

Une mouette blanche en escale.

— Un matin de l'an dernier, commence
Salisse, ma femme m'a dit : « Regarde dans le
chenail. » Avec la lunette d'approche, j'ai vu
quelque chose à la dérive comme un billot. C'était
un noyé. Un homme qui avait calé trois fois et
était resté au fond neuf jours, qui a rebondi en
surface quand sa bile a éclaté et il est parti à la
dérive pour ses vingt et un jours. Quand je l'ai
repêché avec la gaffe, il devait être à son quin-
zième jour. Sa position était celle d'un homme
à quatre pattes, bras et jambes pendants par le
fond, face pendante vers le fond. Il était blanc,

gercé par l'eau, soufflé par l'eau. Si je ne l'avais pas repêché il aurait coulé et se serait défait au fond et la chose qui vole ne serait pas venue en surface parce qu'elle n'est pas dans la mort.

Yose n'a pas bougé.

— Maintenant, je vais te donner ce qui est pour toi.

Salisse rentre dans le port où il y a une couple de pieds d'eau noire, froide et agitée. Plouc ! Ses mains ont plongé et il en a sorti un poisson rond, aux yeux verts avec toutes les couleurs de l'arc-en-ciel sur le flanc. Yose fait les yeux de surprise tellement il est beau.

— Je te le donne.

Salisse l'a mis dans un vieux bocal qu'il y a dans la chaloupe.

— Je l'emporte chez moi ?

— Oui, change-le d'eau tous les jours, laisse-le à l'ombre, ne le touche jamais, mais écoute-moi bien : malgré tous tes soins il va mourir. Dans une semaine il sera mort. Peut-être avant. Quand il mourra, il faudra qu'il emporte ton envie de mourir.

— C'est lui qui vous envoie me dire cela ?

— Oui.

Yose est devenue pâle et tout d'un coup elle s'est précipitée sur l'épaule de Salisse pour y pleurer toute la boule de chagrin qui vient d'éclater dans elle. Pleure, pleure, pleure sur l'épaule dure et chaude qui sent le poisson. Quand elle a fini :

— C'est bien. Reconduisez-moi.

Salisse la reconduit chez elle vis-à-vis le phare.

En la laissant :

— Si tu t'enlevais la vie, il se l'enlèverait lui aussi (il montre la direction de la cabane). Et alors, nous... Laisse le poisson-soleil mourir pour toi.

Elle est partie, tête basse avec le bocal sur son cœur. Salisse rame à reculons pour la voir elle, une mouette en partance. Dans cet homme monte la grande soif de la chose qui vole. Pour tout le monde, afin qu'il n'y ait plus de noyés, plus de malheurs, plus de petites filles qui pleurent. Il a fait ce qu'il pouvait, mais là il ne peut plus !

— Si on vous arrêtait ?

— ...

— Par envie. Par jalousie.

— On m'arrêtera.

— Si on vous montait un procès ?

— Je leur demanderai quel mal j'ai fait.

— Si on vous condamnait ?

— A la mort ?

— A partir, tout au moins.

— Je partirai.

— Ecoutez. Moi je flaire. Je vois sans être vu. Mêlé aux feuilles dans les arbres, j'écoute. Je me place toujours dans le sens du vent. Je sais ce qui se passe. Venez au quatrième, je vous cacherai.

— Non, le Bouclé, je reste. Tu es venu me dire que j'ai des ennemis ?

— Oui.

— Il en faut.

— Et aussi que vous avez des amis. Je reviendrai quand l'heure sera venue.

Le Bouclé s'est évanoui laissant le fou en grande sécurité dans son cœur, en grande sérénité. Maintenant, on peut venir.

— Pour dix dollars et deux bouteilles de miquelon elle viendra.

— C'est trop cher.

— Bien, arrange-toi, perds ton fils, perds tout.

— Je ne voudrais pas être mêlé à cette affaire.

— Comme tu voudras.

— Pour dix dollars, elle viendra ?

— Garanti. Je la descends au pont, elle fait le trajet à pied, jusqu'au premier village. Ni vue, ni connue, elle arrête chez Bérêt, au magasin Jacques, chez la femme de Salisse, et tout le long du chemin elle sème son poison en sorcière qu'elle est. On court chez le fou, on le questionne, tu n'as même pas à t'occuper de rien, on le chasse et une heure plus tard, l'histoire du fou est finie, la marée est comme autrefois. Dix dollars et deux bouteilles de miquelon.

L'avare Barnabé desserre les cordons de sa bourse, donne dix dollars et cinq dollars pour le miquelon.

— Va, Jubiau, va, j'ai hâte que tout cela soit fini. J'en fais une maladie.

Barnabé pense à la scène qu'il a eue hier soir avec son fils Henriot. Il a voulu le battre et Henriot avec une voix en mue lui a dit : « Plus de ça, mais des explications d'homme à homme. » Et le père a réalisé qu'il avait un homme ennemi en face de lui. Alors il a fait demander le guitariste.

Jubiau empoche l'argent et s'en va, très loin, derrière la ville de fer entre les usines de sulfure et le Lac des Roses. Assise sur une épitaphe, la Cordon l'attend. Il lui fait signe de monter. Pendant que roule la voiture, il lui donne ses instructions. Elle ricane et comprend. Elle a l'habitude. Au pont, il la descend et, en vitesse, gagne son village à lui, par un chemin de gravelle.

A la belle Yose qu'il rencontre et qui s'informe comment il va, le guitariste répond gentiment :

— Je vais bien.

— Est-ce qu'on se revoit tous ce soir dans les fonds ?

Le guitariste fait son visage dégoûté.

— Pauvre Yose !

— Pourquoi « pauvre Yose » ?

— Tu l'aimes bien cet homme, oui ?

— Oui.

— Ecoute la vérité, si brutale soit-elle. Hier je l'ai conduit chez la femme des Abîmes, et ce soir encore...

Il est parti en vitesse. Derrière la voiture, un cri, mais il ne s'est pas retourné.

# XIX

Ce n'est pas parce qu'il est jaloux qu'il est allé siffler ses trois légers coups à la maisonnette derrière les pivoines. Non. Le Bouclé est sorti de la misère d'aimer. A la femme des Abîmes il est venu dire :

— Ce qu'il nous demande est au-dessus de nos forces, c'est pourquoi nous le ferons.

— Oui.

— La fin du voyage qu'il nous propose est en dehors d'ici, c'est pourquoi nous y allons.

— Oui.

Debout, très droite, elle s'est tenue, pendant qu'il lui a parlé.

— Adieu, femme des Abîmes.

— Adieu, le Bouclé.

Le Bouclé a sauté les pivoines et est parti. La femme au teint de lait, aux yeux verts, n'a pas regardé s'éloigner son amant. Elle en a un nouveau : c'est son mari.

— Toi, tu es le forgeron Bérêt.

— Oui, Madame.

— Et lui Henriot ton apprenti, fils à Barnabé.

— Oui, Madame.

— Je te prédis la perte de ta forge, le feu dans ta maison d'ici quatre jours, si tu continues de fréquenter le possédé qui vit au bord de l'eau.

— Qui êtes-vous, la vieille ?

— Et ce petit perdra un œil, car il y aura bagarre.

— Qui êtes-vous, mémère ?

— Celle qui habite le cimetière.

La Cordon s'échappe, enveloppée dans ses voiles mauves et jaunes, en agitant un bâton d'épine, plein de nœuds, au bout duquel est attachée une petite lanterne sans feu.

— Toi, la fille à Jacques, ne manque pas le procès, tu riras à te rouler par terre. Et toi le petit vieux, ne te gêne pas pour frapper l'homme qui fait circuler la rumeur que tu es un hypocrite.

— Oui, madame Salisse, je le leur dirai, un soir de vendredi que votre sot de mari comme vous le dites est au marché de poissons, je le leur dirai. Tout s'arrangera, Madame. Vos inquiétudes s'achèvent, on le fera disparaître pour de bon.

Ainsi va la sorcière d'un endroit à l'autre, jusqu'au deuxième village. A tous ceux qu'elle rencontre, elle prédit deuils et malheurs si on n'organise pas une battue pour écarter le fou, qui (elle le crie à tous) est possédé du démon.

Les gens se voyant interpellés par leur nom sans connaître cette vieillarde sont impressionnés. Plusieurs ont peur. Sur les perrons de porte, autour des boîtes à malle après le départ de la sorcière, on se rencontre et on se parle à mots couverts. Barnabé arrive et dit :

— Qu'est-ce que c'est ?

— C'est le fou qui apporte le malheur à l'île.

L'avare joue le pauvre homme qui s'est fait voler son fils. On l'entoure, on lui tape sur l'épaule. Un rentier dit :

— Allons-y donc dans les fonds.

— Peut-être les idées de cet inconnu sont excellentes qui ont réussi à changer Henriot de la sorte. Moi, j'aimerais connaître ses pensées. Si on allait l'écouter poliment. C'est peut-être nos idées à nous qui sont vieilles et bonnes à être jetées aux orties.

Tous répondent :

— Allons-y donc.

Le rentier et Barnabé en tête, on descend dans les fonds. Plusieurs habitants. Par curiosité. Par distraction, histoire de briser la monotonie des veilles toutes semblables. On descend par groupes, en riant, en se donnant des bourrades. A d'autres qu'on rencontre, on crie :

— Venez, on va écouter le possédé. Il lâche des cerfs-volants, sans ficelle.

Et les groupes augmentent et se mettent à la suite. Ils sont bien une vingtaine d'hommes quand ils arrivent dans les fonds. Salisse voit venir ce troupeau à deux pattes et se place devant la cabane.

— Assez loin. Parlez.

— Nous voulons voir ton ami, dit Barnabé en larmoyant.

— Il n'est pas ici.

— Oui, il est là, crie le rentier, range-toi Salisse, nous voulons l'entendre.

— Je suis ici chez moi. Si quelqu'un avance, je frappe.

Barnabé le riche s'est approché et Salisse a frappé. Alors ce fut un commencement de bagarre que le fou, sorti de la cabane, a arrêté.

— Toi voleur, toi hypocrite, toi inconnu, toi coureur de jupes, a sifflé le fermier entre ses dents, qu'est-ce que tu couves sur notre île, pourquoi jeter l'inquiétude dans le cerveau des hommes tranquilles ? Moi, qu'est-ce que je t'ai fait pour que tu me prennes Henriot et lui mette en tête des idées d'instruction et de déserter le bien paternel ?

— Tu ne sais pas ce que tu dis, marguillier, file.

Et devant Salisse autoritaire, Barnabé a viré en disant :

— On se reprendra.

Ils sont partis, tous.

— Ça va être du joli, a dit le Bouclé.

Et ils sont revenus, quelques-uns en boisson, un soir de vendredi que Salisse était au marché de poissons en ville. Tout était bien monté par Jubiau. Le Bouclé a dit :

— Ils s'en viennent, cachez-vous par là.

Mais le fou n'a pas voulu. Et le Bouclé s'est battu et a brisé la mâchoire d'un homme à cheveux blancs qui sentait le whisky et qui l'a insulté.

— Toi, mon Bouclé...

On l'a attaché, ligoté, et on l'a jeté près de la cabane comme un colis. On a traîné le fou dans les hauts et on l'a fait pénétrer dans l'école du rang. Là, on a fermé portes et fenêtres et on a mis deux gardiens au chemin et on a questionné cet homme qui s'est laissé cracher au visage. La sœur de Yose, la femme à moustache, la fille à Jacques, tous y étaient.

— Dis-nous qui tu es, d'où tu viens, ce que tu veux, et va-t'en de l'île.

Le vieillard à la mâchoire fracassée l'a battu parce qu'il ne répondait rien, et le fou s'est laissé faire. De son nez coulait du sang. Des badauds lui ont lancé des boules de papier et des morceaux de craie. Un gaillard lui a jeté un quartier de bois dans les jambes et le fou est tombé. On a dessiné une potence au tableau et Barnabé a dit :

— Maintenant, parle.

Le fou n'a rien dit.

A la porte quelqu'un a frappé. La femme des Abîmes est entrée, seule, plus pâle que jamais. Dans un grand silence a relevé le fou, en se tournant a crié :

— Imbéciles ! L'histoire de cet homme est simple : il est parti de loin, il est venu ici parce qu'on lui avait dit que Dieu habitait notre île. Il a cherché Dieu dans l'île et ne l'a pas trouvé, malgré vos familles nombreuses, vos fidélités aux offices et vos processions. Dieu n'habite pas les hypocrites vies que nous faisons. Moi, j'ai changé la mienne et vous refusez de changer la vôtre, voilà pourquoi vous en voulez à celui qui vous force à chercher, malheur à vous, votre intérêt passe avant, vous bâtissez sur le sable et vous

voulez que la maison tienne, l'île sera engloutie...
et je ne suis pas payée pour vous le dire...

Elle a amené le fou par le bras en écartant les
hommes. Quand le couple fut sorti, le riche Barnabé a crié des mots obscènes. Au chemin, loin
de l'école, elle a dit :

— Je suis venue.

— Pourquoi ?

— Pour vous aider.

— Pourquoi ?

— Ce que vous cherchez, je le cherche avec
vous; ne craignez rien. Sans vous voir. Je vous
aime. Adieu.

Elle est repartie à grands pas. Et le fou a
gagné les fonds. De joie, voulant verser tout son
sang.

Le Bouclé s'étant débarrassé de ses liens a
surgi à l'école et il a dit aux hommes :

— Salauds !

Jubiau est venu à son tour, en rampant comme
une mauvaise pensée. Le Bouclé s'est approché
de lui et lui a dit :

— Bossu, c'est manqué. Va donc te suicider.

Et Jubiau est tombé et s'est mis à gémir. Personne ne l'a secouru. Alors, on s'est dispersé peu-
reusement, chacun de son côté.

Le lendemain, la police de la ville de fer est venue, accompagnant un homme très distingué, à chapeau noir, qui portait des papiers dans une serviette. Barnabé les a conduits dans les fonds. L'homme distingué a questionné le fou très poliment et le fou a répondu très poliment. Puis l'homme distingué a serré la main du fou et il est parti. Rendu dehors, il a dit au fermier :

— Je ne peux pas l'arrêter, cet homme ne fait rien. Vous prétendez qu'il est contre nous, mais c'est bien. C'est son droit. Attendons qu'il fasse tort, alors nous agirons, la parole et la pensée sont ici en liberté. Si je vois de la révolution dans ses idées, c'est peut-être de la bonne et de la nécessaire. Vous aimez vos filets et vos charrues ?

— Nous les aimons.

— Mais quand la paye est meilleure en dehors de l'île, y allez-vous ? On ne peut reprocher à un homme d'aimer ses frères. Des bouteilles, des livres, des discussions chez lui ? Quelle drôle d'accusation ! Il y en a chez moi aussi. Quant à la messe du dimanche, il y a six églises sur l'île, d'ailleurs... nous qui y allons... Vous m'avez fait venir pour rien. J'ai quand même fait une très intéressante rencontre. Voulez-vous maintenant que je questionne votre fils Henriot ?

— Non.

Et les deux hommes de la ville de fer sont repartis en limousine, l'homme distingué en répétant que les lieux étaient très jolis.

Derrière, le père d'Henriot plus découragé et plus dégoûté que jamais.

— Henriot, reviens-moi.

Henriot a dit à son père :

— Vous n'avez plus d'Henriot. Moi, j'habite chez Bérêt le pauvre qui a six enfants et une septième adoptée et un huitième qui est moi. Et je suis heureux. Et je ne veux pas de votre argent.

C'est à partir de ce moment que Barnabé a couvé sa maladie.

# XX

Quelques jours après, les choses sont redevenues normales. Le calme dans les fonds et sur l'île. Mais voilà que plusieurs personnes maintenant veulent entendre et connaître le fou. On l'invite dans les demeures pour les repas, pour les soirées, par l'entremise de Salisse et de Bérêt. Mais le fou n'accepte rien de cela et se cache de plus en plus.

Vient l'automne.

A leur place coutumière, se sont rencontrés Henriot et les enfants blonds.

— Il paraît qu'ils se sont battus ?

— Oui. Moi j'étais à la forge avec M. Bérêt. On l'a appris par le Bouclé le lendemain.

— Dis ce que tu sais.

— On lui a craché au visage, on l'a bafoué, on a ri de lui en lui lançant des craies.

— Si j'avais été là avec mes flèches.

— Il ne se défendait même pas. Un vieillard en boisson lui a lancé quelque chose sur la tête et il est tombé.

— Il saignait ? demande Yose.

— Oui.

— Qui a arrêté le sang ?

— Une femme.

Les enfants sur le talus des hauts entre les deux villages ne parlent plus et regardent l'herbe qui frissonne autour d'eux.

— Yose, à quoi tu penses encore ?

— A cette femme qui ne l'aime pas plus que moi.

Et les enfants maintenant pensent au sang qui a coulé. Tous les trois. Comme trois fruits d'un même arbre, balancés par la même brise, nourris par la même sève, qui sont là et ne se décident pas à se séparer.

— Hier soir, nous étions réunis dans les fonds et l'homme a dit : « Où est le guitariste ? » Vois... il t'a pardonné. A un salaud comme toi. Il aurait aimé entendre ta guitare... Il a dit : « Après ce qui s'est passé, il faut de la guitare pour tout couvrir, tout oublier. » Ce soir, on se réunit encore tous. Si tu veux venir... moi je fais la commission.

— Je n'irai pas.

— L'homme a dit de ne pas te gêner, que ce qui était dans son dos était dans son dos, que la grande science était d'oublier.

— Vous autres, cette science, devriez l'étudier. Bérêt ne me regarde plus, Barnabé est malade et dit que c'est ma faute, la femme des Abîmes m'a maudit, toi, tu me tuerais. Il n'y a que Henriot qui m'a mis la main sur l'épaule.

— Moi, je ne t'en veux pas, mais je te trouve plus salaud que les cochons.

— Le Bouclé...

— Oui.

— Hier, au troisième, je suis allé pour un enfant malade et l'enfant est mort. Voilà que mes chansons portent malheur. Dis à l'homme que je suis malheureux.

— Je lui dirai.

Le Bouclé est parti. Le soir, dans les fonds, Jubiau n'y était pas. Le fou a dit :

— Ce soir, nous ne travaillerons pas.

A Henriot et aux enfants blonds, il a dit :

— Venez.

Il les a postés amont la cabane, face à la mer qui était d'une clarté de songe :

— Chantez, vous autres les enfants.

Ils ont chanté, tandis que lui dans une grande tristesse regardait la ville qui est au couchant. Dans la nuit, la lente brume comme une prière, comme une peine...

Barnabé est bien malade. De chagrin. Il va mourir. Il a fait demander Henriot. Henriot est venu. Il est resté avec lui quatre jours et quatre nuits. Sur la fin de la quatrième nuit, Barnabé est mort entouré du prêtre, emportant dans son œil creux un sourire d'Henriot.

Ce fut le service et Henriot vêtu de noir suivi de ses parents. Dans le cortège, il y avait le fou, Salisse, Bérêt, les enfants blonds, Jubiau n'y était pas. Quand il a eu la nouvelle, il s'est enfermé et il a bu.

Au retour du cimetière, on a entouré le fou. Le vieillard à la mâchoire fracassée par le Bouclé le soir du procès s'est approché plein de respect et au nom de ses camarades a présenté des excuses au fou. Le fou a dit :

— Mais non, rien ne s'est passé.

Alors le vieillard a demandé :

— Mais qui êtes-vous donc ?

— Un homme qui parfois a bien hâte d'être rendu où est rendu votre ami qu'on a mis là tantôt.

— Pourquoi ?

— Parce que la terre est méchante.

— Que faut-il faire ?

Il se retourne et montre du doigt l'inscription sur la porte du cimetière. Au milieu de cette inscription il y a le mot *pulvis* et le mot *caritas*. Ce dernier entoure l'autre comme avec des bras.

Les hommes veulent lui parler encore, mais le fou a disparu.

Ce matin il y a les grandes fougères rouillées et les feuilles trempées dans le sang d'automne. Un écureuil se débarbouille dans le bord de la forêt sous un rayon qui a réussi à se faufiler jusque-là. Salisse et le fou, serrés dans leur gilet, sont assis amont la côte et regardent l'automne. Les trois bouleaux, nus comme des quenouilles avec leur touffe de petites feuilles à la tête, aspergent de paix la maison de Salisse.

— Si je tuais l'écureuil, Salisse, qu'est-ce qui arriverait ?

— Quelle idée ! Pourquoi tuer ? On est si bien.

— Dis voir ce qui arriverait ? Moi je n'ai jamais rien tué.

— Il arriverait qu'il se tiendrait cramponné à l'arbre pendant que le sang giclerait de son dos comme d'un petit robinet. Puis il basculerait et la mousse serait tachée de sang.

— Ensuite ?

— Tu entendrais peut-être les pleurs d'un autre écureuil misérable, un peu plus bas.

— Ensuite ?

— Ensuite ? Tu te jetterais à genoux pour enterrer le mort en te traitant de lâche et tu t'en irais à la course.

Le fou se couche sur le dos amont la vallée. Un lourd nuage marche vers la mer suivi de tout un régiment de petits nuages en formation.

— Mais demain, tu recommencerais. L'homme se durcit vite. Il ne faut pas commencer cela.

— Je ne tuerai jamais.

— A ton tour, dis-moi qu'est-ce que la paix ?

— Ce que nous respirons en ce moment. Si un homme ne veut pas être torturé par quoi que ce soit de lâche et de médiocre, il faut que sa paix en dedans soit comme celle que nous respirons.

Dans un champ de pacage à droite, au loin, on voit les deux bœufs d'un cultivateur qui broutent ensemble. Depuis la première fois qu'on les a attelés, et cela remonte à plusieurs années, ils sont ensemble, côte à côte comme soudés, joug sur l'épaule dans le repos ou dans le travail.

—Ça, c'est l'amitié, dit le fou.

L'eau reflète la courbe des montagnes que brouille le passage d'une goélette.

— Cette paix ne te suffit pas ?

— Moi, j'ai un dedans tourmenté. Malade tout au moins.

— Je sens que tu veux t'en aller.

— Peut-être.

— Si tu veux hiverner, il y a de la place chez nous.

— Non.

— Pourquoi ?

— Il faut que je parte.

— La chose n'est pas dans la mort.

— Peut-être que oui.

Et les deux hommes sont là devant l'automne. Comme l'amour, l'amitié n'a pas besoin de beaucoup de paroles. Ils ne parlent plus.

Salisse pense à l'hiver qui vient. D'abord ce sera les grandes mers d'automne qui submergent les battures jusqu'à la première côte. Et toute la forêt qui se dépouille, qui jette à bas ses diplômes et ses belles feuilles brillantes et sa gloire pour en faire du fumier. La forêt qui fléchit sur elle-même; qui oublie tout ce qu'elle fut, ses nids d'oiseaux, ses sentiers mousseux, ses jeux d'ombre et de lumière où couraient les elfes, qui recommence à zéro pour connaître la résurrection. Puis, les glaces viendront. Et les longues poudreries sans fin, blanches et hurleuses. Puis le printemps. L'eau va se retirer. Des ronds de glace resteront

encercler alentour des roseaux, au soleil, cela res-
semblera à de petites lanternes. Et les fêtes de
nymphes vont recommencer avec la venue des
hirondelles. « Où sera-t-il, lui, à cette époque ? »
Salisse tourne doucement la tête de côté. Le fou
dort, sur le dos, un genou en l'air. Salisse est
heureux de le veiller comme un gros chien qui
protège le sommeil d'un enfant. Il examine cet
homme qui a apporté de la poésie dans sa vie.
Cet homme maigre, sans corps, qui a le pouvoir
de bouleverser les existences en lançant des
étoiles au-dessus des têtes. Comme Salisse le sui-
vrait cet homme ! Comme il l'emporterait dans
ses bras si un autre malheur surgissait ! Comme
il est heureux de l'avoir défendu le soir de la
descente dans les fonds. Et comme c'est léger,
un homme, pense-t-il, comme c'est petit, comme
ça ressemble à de la boue. Et Salisse sent son
vieux cœur de marin prêt pour un long voyage.

Il se roule une cigarette. Il a décidé de chômer
son avant-midi.

Tel un capitaine de haute mer, gardien d'un roi,
a traversé les courants difficiles et fixe le gouver-
nail devant le beau chemin qui s'ouvre, ainsi
Salisse, comme à la proue de sa chère île, passe

dans l'automne et fume en caressant de l'œil le
roi qui sommeille à sa gauche. Il sait bien que
le port est en vue, que le roi riche de rien dispa-
raîtra sur le quai, qu'il restera seul, mais dans
son île, un roi, le roi des chimères est venu.

# XXI

Il tombe du brouillard tout alentour du pont.
Des écharpes de brouillard qui roulent et mouillent le fer. Personne. C'est un soir mauvais. Pas
d'automobilistes sur la route. Au loin les réverbè-
res trempent leur couleur jaune dans la pluie. Un
temps sale. Cloc cloc sur le pont. Le son s'éloigne
et le son revient et cela dure depuis plusieurs
minutes. C'est Jubiau. Et sa bagnole est dans
le brouillard à gauche du pont, sur l'herbe. Elle
est tout en eau sa bagnole. De grosses gouttes
d'eau dans les vitres qui se rejoignent et font un
filet jusqu'en bas comme des larmes. Et Jubiau
sur le pont qui marche et revient. A dix pas de
lui c'est le Bouclé, qui est venu le voir mourir et
qui attend, accoudé sur un ponton. Des deux
côtés c'est le vide.

— Vas-y donc.

— ...

— Veux-tu que je t'aide ?

— ...

— Une minute et tout est dit.

Jubiau fixe l'eau noire. Il ne voit pas les vagues mais il les entend qui ricanent et battent des mains et attendent et disent comme le Bouclé : « viens donc ».

— Tu ne laisses personne derrière toi. Les gens te détestent, ils te tueront. Va.

Jubiau claque des dents. Il s'approche du Bouclé et dit :

— Toi, tu es méchant.

Le brouillard leur fait un visage tout humide. Il semble que le jour est mort et ne reviendra plus jamais, jamais. Quel soleil pourra sécher toute cette brume ? Pourquoi vivre ?

— Vas-y donc !

— Oh !

Un cri. Une silhouette d'homme qui s'avance. C'est le fou sortant du brouillard, méconnaissable à cause du grand ciré et du *sawest* [1] à Salisse qui le cachent tout entier.

— Toi, le Bouclé, qu'est-ce que tu fais ici?

— Il me dit de me suicider.

Le fou arrache son gant et gifle le Bouclé au visage.

— Tu es un lâche et un cynique.

Le Bouclé se raidit, prend le fou à la gorge et le penche au-dessus de l'abîme.

— Je vais te jeter en bas.

— Qu'est-ce que tu attends?

Le Bouclé lâche prise.

— Tu es lâche.

— ...

— Maintenant, va dans la voiture.

Le Bouclé obéit.

— Toi, Jubiau, reste si tu veux, nous on s'en va. Si tu attends mon pardon pour vivre, il y a longtemps que tu l'as. Bérêt et Salisse t'espèrent dans la cabane pour te tendre la main. Prends le volant. Décampons d'ici. Assieds-toi en avant avec le Bouclé. Moi en arrière avec la guitare.

---

1. Suroît: chapeau de toile imperméable.

Partons. Je suis bien fatigué. J'ai couru. Et cet endroit pue la lâcheté.

La bagnole tourne et reprend le chemin de l'île. Il pleut. Les hommes font silence. Il y a Jubiau qui va de travers dans le chemin et ne réussit pas à garder sa droite. Le Bouclé s'approche de lui et met les mains au volant pour lui aider. Ça fait quatre mains au volant. Tout bas, bien bas, le Bouclé dit au guitariste pour ne pas que le fou comprenne :

— Pardonne-moi.

Le fou dort, ou fait semblant, les cheveux et la joue sur la guitare.


De bonne heure, le lendemain, le fou s'est rendu à la forge et il a dit à Bérêt :

— Jubiau va revenir. Ne fais pas la grimace. Je lui ai dit que tu lui tendrais la main. Il faut aimer Jubiau, tu m'entends ? Parce qu'il est misérable et nous le sommes tous. Il faut aimer ceux qui le sont beaucoup.

Bérêt a voulu répliquer, mais le fou lui a coupé la parole :

— Si tu ne veux pas lui pardonner, ne viens pas.

— Bérêt a baissé les yeux et le fou est parti.

— Irons-nous ?

— Oui. Ce soir.

— J'ai l'impression que c'est la dernière fois.

Toute la journée, Yose a cordé des pommes-fraises dans les mannes. Le garçon blond la suit des yeux, lui aide à transporter les paniers comme s'il aidait à une malade.

Elle dira à Salisse que le poisson-soleil est mort ce matin et qu'il a emporté son envie de mourir. Belle elle est, au soleil d'automne, avec ses cheveux blonds et ses yeux tristes.

— A quoi tu penses, Yose ?

— A rien.

— Tu tiens encore ton cœur ?

— Non.

— Il te fait mal ?

— Non.

A travers les fruits, Yose a souri et le garçon blond a pensé voir un ange.

— Yose, Henriot va me montrer l'étude.

— Oui.

— Le mystère des fruits et celui des feuilles et celui des fourmis.

— Oui.

Toute la journée Yose a pensé à l'homme de vent qui marche entre les étoiles, et son frère à la chose qui se cache peut-être dans les fruits.

Ah ! mourir d'amour et Yose veut mourir d'amour.


Ils y sont tous dans les fonds. Tous. Bérêt, Salisse, Jubiau, Henriot, le Bouclé, les enfants blonds et même madame Salisse.

— Asseyez-vous.

Tout le monde s'est assis. Les enfants par terre, le Bouclé sur la table, les autres sur le lit, sur des coffres. Il n'y avait qu'une chaise, Bérêt l'a offerte à Jubiau et Jubiau a dit : « Merci bien. » Puis la soirée a commencé. Pour ne pas gêner le guitariste, le fou a immédiatement pris la parole. Il leur a raconté un rêve qu'il avait eu dernièrement :

— Depuis trente jours qu'il pleuvait sur l'île et pas ailleurs, trente jours sans soleil et du soleil ailleurs, le trentième jour, la pluie cessa mais de soleil point. Selon l'heure, on essayait de localiser l'astre, de le situer derrière les nuages et il n'y était pas lorsque le nuage avait passé. On m'accusa de l'avoir volé et c'était vrai. On est venu dans ma cabane avec des piques et des haches et derrière le vieux chiffonnier dans le mur, un ancien trouva le soleil qu'il lança et qui se replaça où il devait dans le ciel. On me fit procès et je n'ai rien dit. On me chassa à coups de pierres. Avec raison. Voilà. Ce rêve signifie que je vais vous laisser en paix. Que la chose qui vole ne vous trouble plus. C'était peut-être une idée insensée. Il est peut-être moins insensé de dire : « les chutes ressemblent à un cerf-volant debout amont le cap, donnez-moi ce cerf-volant ». Le tort collé sur moi comme une blessure, c'est de ne pas admettre le monde tel qu'il se veut étendu au soleil. Rien ne pousse au désert. Parlez-moi des terres à tempête, des hommes à tempête. Ceux qui veulent l'impossible doivent partir. Je vous rends votre soleil. Oubliez que je suis venu ici.

Et tous les hommes, tous, tous ceux qui sont là, les enfants blonds compris, sont hantés davantage par la chose qui vole et veulent refaire le monde et veulent se passer de soleil si la tempête les rendra meilleurs.

Jubiau, sans qu'on lui demande, a joué de la guitare, longtemps. Et tous dans la nuit, un par un, deux par deux, ils sont partis chacun chez soi avec de la musique dans l'oreille, une grande douceur dans le visage et sous la peau, dans le cœur, un désir violent d'aimer son frère.

Le fou était à la porte et a serré la main à chacun. Au Bouclé, il a dit :

— Je t'écrirai. Amène-le.

Et le Bouclé a pris Jubiau par le bras et l'a guidé dans la nuit comme on guide un vieillard.

Ce fut le dernier soir. Il ne devait plus y en avoir d'autres. Le fou l'acheva en silence en compagnie de Salisse. Le lendemain, quand le pêcheur descendit à la grève, la porte de la cabane était ouverte. Salisse devina tout de suite. Le fou était parti pour de bon cette fois. La marée avait effacé ses traces. Sur un dos de calendrier il y avait ce testament :

« Au guitariste Jubiau, je lègue ces deux cordes de violon, à madame Salisse mes ustensiles d'argent, mon fusil à Salisse, au Bouclé mon journal de chaque jour, mon couteau de marin à Bérêt, à Yose la bague de ma mère et à son frère mon gilet de laine, mes livres à Henriot. Qu'il les lise, il apprendra qu'il faut un fou dans chaque île du monde. Adieu. »

On le chercha dans l'île. Personne ne l'avait vu. C'était la fin. Yose s'en fut entre les pommiers et dansa pour celui qu'elle aimait autant que peut aimer une femme des Abîmes. Plusieurs soirs de suite, on se réunit dans les fonds pour parler de ce fou qui avait pris la vieille île dans sa main et l'avait secouée et l'avait rajeunie en lui injectant dans les veines le tourment de la chose qui n'est pas de ce monde.

Salisse a fait venir le curé pour qu'il bénisse un coin de limon près de la cabane. Galope le vent sur la tombe imaginaire que le pêcheur aux yeux verts va réchauffer avec ses gros genoux. Chaque fois qu'il pénètre dans une de ses pêches à marée basse, le cœur lui cogne : il se demande si la mer ne lui a pas apporté un poisson qui parle, un paquet de lettres d'amour, un soulier de reine, ou un miroir où l'on voit les villes qui bougent.

Quelque temps plus tard, Henriot recevait cette lettre qu'il montra aux enfants blonds, au Bouclé, à Salisse, à Bérêt, à Jubiau :

« Mon cher Henriot, du pays du silence je t'envoie ces mots pour te dire que j'ai trouvé. J'ai rejoint les trois hommes de la montagne qui regardaient le ciel et enfin je vois ce qu'ils voient. Une grande paix nous inonde en dedans comme un soleil de midi qui renverse dans une chaumière. Si un croyant veut la fortune, qu'il se dépouille. Pauvreté, tribulations, oubli, mépris, ridicule, tous ces mots que fuient les hommes comme la peste sont autant de refuges au cœur de celui que ne peut combler la terre. Pénètre derrière ces mots, Henriot, pousse la mauvaise porte, ne crains pas les couloirs sombres et déserts du début, au bout, il y a les jardins de paradis.

« Il n'est qu'une science et quand on la possède on possède la joie : celle de se mépriser.
Ici, on s'habitue tellement à l'idée de la mort
qu'on la souhaite et la désire comme une récom-
pense. Un seul bibelot orne ma cellule, ce n'est
ni porcelaine, ni cuivre, mais un crâne. La joie
m'habite parce que celui qui peut tout, le grand
époux de toutes les recherches et de toutes les
soifs a daigné venir habiter en moi. Dieu est le
seul ami. Le seul, crois-moi.

« Fou de l'île. »

# TABLE DES MATIÈRES

*Achevé d'imprimer sur les presses des Editions Fides,
à Montréal, le trente et unième jour du mois d'août
de l'an mil neuf cent soixante-deux.*